L'intelligence émotionnelle au *TRAVAIL*

Les Éditions Transcontinental
24ᵉ étage
1100, boul. René-Lévesque Ouest
Montréal (Québec) H3B 4X9
Tél. : (514) 392-9000 ou, sans frais, 1 800 361-5479

Distribution au Canada
Québec-Livres, 2185, Autoroute des Laurentides, Laval (Québec) H7S 1Z6
Tél. : (450) 687-1210 ou, sans frais,1 800 251-1210

Distribution en France
Géodif Groupement Eyrolles – Organisation de diffusion
61, boul. Saint-Germain 75005 Paris FRANCE - Téléphone : (01) 44.41.41.81

Distribution en Suisse
Servidis S. A. – Diffusion et distribution
Chemin des Chalets CH 1279 Chavannes de Bogis SUISSE - Téléphone : (41) 22.960.95.10
www.servidis.ch

Données de catalogage avant publication (Canada)
Weisinger, Hendrie
L'intelligence émotionnelle au travail

(Collection Ressources humaines)
Traduction de : *Emotional Intelligence at Work.*
Comprend des réf. bibliogr.

ISBN 2-89472-096-3

1. Psychologie industrielle. 2. Intelligence émotionnelle. 3. Relations humaines.
4. Perceptions de soi. 5. Émotions. I. Titre. II. Collection.

HF5548.8.W43314 1998   650.1'3   C98-941145-1

Traduction de l'américain: Jacinthe Lesage, trad. a.
Révision et correction: Jean Paré, Lyne M. Roy
Mise en pages et conception graphique de la couverture: Studio Andrée Robillard

La collection *Ressources humaines* est sous la direction de Jacques Lalanne.

Imprimé au Canada
© Les Éditions Transcontinental inc., 1998
3ᵉ impression, février 2001
Dépôt légal: 3ᵉ trimestre 1998
Bibliothèque nationale du Québec
Bibliothèque nationale du Canada

Nous reconnaissons, pour nos activités d'édition, l'aide financière du gouvernement du
Canada, par l'entremise du Programme d'aide au développement de l'industrie de l'édi-
tion (PADIÉ), ainsi que celle du gouvernement du Québec (SODEC), par l'entremise du
Programme d'aide aux entreprises du livre et de l'édition spécialisée.

Hendrie Weisinger, Ph.D.

L'intelligence émotionnelle au *TRAVAIL*

**Gérer ses émotions
et améliorer ses relations
avec les autres**

*Traduit de l'américain par
Jacinthe Lesage, trad. a.*

**Les Éditions
TRANSCONTINENTAL inc.**

AVANT-PROPOS

La réussite professionnelle ne dépend pas seulement de l'intelligence. Les meilleures décisions ne sont pas uniquement rationnelles. Les gens qui obtiennent les meilleures notes à l'école ne réussissent pas nécessairement mieux dans la vie. C'est connu.

La nouvelle dimension de la réussite s'appuie sur l'intelligence émotionnelle, c'est-à-dire la capacité de percevoir les sentiments chez soi et chez les autres et d'en tenir compte dans l'action.

Les gens qui réussissent se connaissent très bien. Ils ont développpé une conscience claire non seulement de leurs aspirations à long terme mais de leurs émotions du moment. Ils mettent en harmonie leurs pensées, leurs sentiments et leurs sensations corporelles. Ils résolvent efficacement les problèmes en tenant compte tant des aspects personnels et interpersonnels que rationnels et concrets d'une situation. Ils gèrent adéquatement leurs émotions négatives et utilisent leurs émotions positives pour se motiver et atteindre leurs objectifs à court et à long terme. Ils savent tirer partie de leurs coups durs et revenir en force.

Aussi, les gens performants sont des communicateurs efficaces. Ils se révèlent et s'affirment avec conviction et savent exprimer une critique avec sensibilité. Ils savent modifier leur niveau de communication selon la situation et être émotif ou rationnel selon l'état de leur interlocuteur. Ils écoutent le dit et le non-dit dans une conversation et démontrent à leurs collaborateurs une empathie et une compréhension qui va au-delà des mots.

Les gens qui démontrent une intelligence supérieure deviennent des leaders. En effet, leur attention aux émotions des autres, leur capacité d'écouter en profondeur, leur habileté à aider les autres à s'aider eux-mêmes et à atteindre leurs buts les rendent indispensables à la réussite de leur équipe.

La bonne nouvelle : on peut développer son intelligence émotionnelle et l'appliquer avec succès au travail. Les recherches des dernières années ont permis de cerner concrètement ce que font les gens doués en ce domaine. Une méthodologie pratique a été mise au point ; grâce à elle, on peut développer des attitudes et acquérir les techniques essentielles qui permettent d'intégrer dans son travail quotidien la richesse de ses émotions et la valeur de celle des autres.

Jacques Lalanne
Directeur de la collection
Ressources humaines

TABLE DES MATIÈRES

DEUXIÈME PARTIE
**Utiliser son intelligence émotionnelle
dans ses relations avec les autres**

CHAPITRE 5
Entretenir de bonnes relations avec les autres

INTRODUCTION

Il y a près de 20 ans, j'ai été témoin d'un échange entre deux personnes, lequel a éveillé mon intérêt pour l'intelligence émotionnelle. À cette époque, j'étais étudiant au doctorat et je travaillais dans un centre de santé mentale. Un jour, alors que je parlais avec un groupe d'étudiants, un psychiatre est arrivé comme un ouragan et s'est mis à crier après une étudiante qui voulait devenir travailleuse sociale. En furie, il lui lança : « Vous ne savez pas ce que vous faites. Vous causez un tort irréparable au patient. »

Ce psychiatre a continué à attaquer méchamment mon amie, répétant ses accusations durant plusieurs minutes. Tout comme les autres personnes présentes, j'étais mal pour elle. J'étais aussi en colère contre le psychiatre, surtout lorsque j'ai vu mon amie s'enfuir en pleurs. Et même alors, le psychiatre a continué son flot de reproches, affirmant : « Voilà une réaction de défense typique. »

L'expérience a mis en évidence le fait que la critique, lorsqu'elle est donnée avec une attitude destructrice, a des répercussions sur les émotions. Cela m'a amené à examiner comment on pouvait exprimer une critique de manière constructive pour que la personne qui la reçoit et celle qui la formule en tirent quelque chose d'utile. Toutefois, à cette époque, je ne savais pas que la critique constructive était un élément clé de l'intelligence émotionnelle.

Même chose pour la gestion de la colère, une habileté que j'ai étudiée deux ans plus tard au cours de mon internat dans un hôpital d'anciens combattants. J'y ai alors remarqué que bien des membres du personnel sapaient leurs efforts en n'étant pas capables de comprendre et de désamorcer la colère. J'ai noté le même problème auprès des patients. J'en suis par la suite venu à étudier comment les gens peuvent apprendre à gérer leur colère.

Puis, à la suite de mes propres études cliniques, de mes lectures et de mes recherches, j'ai constaté que la plupart des gens ont de la difficulté à gérer des situations émotionnellement engageantes. Lorsque cette difficulté est associée à de mauvaises habiletés de communication — pensez au psychiatre dont je viens de vous parler, par exemple —, les résultats peuvent être tout à fait désastreux.

Dans les années 1980, j'ai commencé à faire de la consultation pour des entreprises. J'ai vu qu'à cause de l'inaptitude à gérer des émotions et à communiquer efficacement, le personnel en venait à laisser les conflits se répéter sans les résoudre, avait le moral bas, et que la productivité diminuait. J'ai donc commencé à examiner comment les gens pourraient apprendre à utiliser leurs émotions de manière fructueuse et à développer les compétences nécessaires pour établir de bonnes relations avec les autres.

J'ai poursuivi cette exploration en rédigeant quelques livres, en continuant ma pratique clinique et de consultation, et en donnant des séminaires. *L'intelligence émotionnelle au travail* représente le point culminant de mon travail sur la façon d'utiliser l'intelligence émotionnelle dans diverses entreprises, aussi bien celles qui sont recensées dans *Fortune 500* que les petites entreprises, ou aussi bien celles qui fabriquent des gadgets que celles qui font valoir la propriété intellectuelle. J'ai beaucoup appris et je suis heureux de vous faire part de ce que j'ai appris.

La définition de l'intelligence émotionnelle

L'intelligence émotionnelle consiste tout simplement en l'utilisation intelligente de nos émotions ; nous utilisons volontairement nos émotions à notre avantage pour qu'elles guident notre comportement et nos réflexions de façon que nous obtenions les résultats attendus.

Disons que vous avez une présentation importante à faire et que, grâce à votre conscience de soi (une composante de l'intelligence émotionnelle), vous vous rendez compte que vous êtes très angoissé. Votre intelligence émotionnelle vous conduit à entreprendre un certain nombre d'actions : prendre en charge vos pensées destructrices ; faire appel à la relaxation pour abaisser votre stimulation ; mettre fin aux comportements qui vont à l'encontre des buts recherchés, comme marcher de long en large dans la pièce. De cette façon, vous réduisez suffisamment votre anxiété pour pouvoir ensuite faire votre présentation avec assurance.

Il existe un nombre presque infini d'applications de l'intelligence émotionnelle au travail. L'intelligence émotionnelle peut vous aider à résoudre un problème épineux avec un collègue, à conclure une vente avec un client difficile, à formuler une critique à votre patron, à avoir l'énergie nécessaire pour effectuer une tâche d'un bout à l'autre, et dans d'autres aspects influant sur votre réussite. L'intelligence émotionnelle peut être utilisée de manière à la fois intrapersonnelle (pour vous aider vous-même) et interpersonnelle (pour aider les autres).

Les composantes de l'intelligence émotionnelle

L'intelligence émotionnelle comporte quatre éléments de base. Ces éléments nous permettent d'acquérir certaines compétences et habiletés, qui constituent le fondement de notre intelligence émotionnelle. Nous pouvons développer les composantes de notre intelligence émotionnelle et ainsi accroître celle-ci de manière spectaculaire. Les premiers à découvrir ces composantes furent les psychologues John Mayer, de l'Université du New Hampshire, et Peter Salovey, de Yale, et ce sont aussi eux qui ont inventé le terme «intelligence émotionnelle» en 1990.

Chaque composante dépeint des aptitudes qui, ensemble, font croître notre intelligence émotionnelle. On les classe par ordre hiérarchique, chaque niveau s'imbriquant dans les précédents. Les quatre composantes sont les suivantes:

1. L'aptitude à percevoir, à évaluer et à exprimer des émotions avec précision.
2. L'aptitude à aller chercher des sentiments au besoin, lorsqu'ils peuvent nous aider à mieux nous comprendre ou à mieux comprendre une autre personne.
3. L'aptitude à comprendre les émotions et ce qui s'en dégage.

4. L'aptitude à gérer ses émotions pour favoriser le développement affectif et intellectuel.

Tout au long de ce livre, nous verrons comment chacune de ces composantes nous aide à développer les habiletés qui ensemble composent notre intelligence émotionnelle.

L'intelligence émotionnelle au travail

Au cours des quatre dernières années, l'intelligence émotionnelle a été l'objet de nombreuses recherches. Les études ont porté sur la description de méthodes permettant de mesurer l'intelligence émotionnelle, sur la détermination de l'importance des habiletés de l'intelligence émotionnelle dans le rendement d'une personne, et sur l'application et l'intégration de l'intelligence émotionnelle dans divers milieux, dont les salles de classe.

J'ai choisi de faire porter ce livre sur l'application de l'intelligence émotionnelle au travail parce que j'y ai vu un besoin pressant. Au cours de près de vingt années de travail en tant que psychologue consultant dans des dizaines d'entreprises et d'organismes gouvernementaux, j'ai pu remarquer que le manque d'intelligence émotionnelle nuit à la croissance et à la réussite à la fois des individus et des entreprises, et inversement que l'utilisation de l'intelligence émotionnelle mène à des résultats probants à la fois pour l'individu et l'entreprise. J'ai aussi noté que les employés qui utilisent leur intelligence émotionnelle aident à la création d'organisations intelligentes sur le plan émotionnel, c'est-à-dire des entreprises où chacun prend la responsabilité de développer son intelligence émotionnelle, de l'utiliser dans ses relations avec autrui et d'appliquer les habiletés de l'intelligence émotionnelle à l'organisation dans son ensemble.

En animant mes séminaires, j'ai découvert que les gens veulent apprendre très précisément comment mettre en pratique les habiletés de l'intelligence émotionnelle aux situations qu'ils vivent au travail. Ils s'intéressent non pas à la théorie, mais aux aspects pratiques de l'intelligence émotionnelle. J'ai donc écrit *L'intelligence émotionnelle au travail* avec l'idée d'en faire un guide clair et simple, l'objectif étant que vous puissiez exploiter, développer et utiliser votre intelligence émotionnelle aussi facilement et efficacement que possible.

À cette fin, j'ai inclus une foule d'exemples véridiques qui illustrent les utilisations de l'intelligence émotionnelle beaucoup mieux que ne l'aurait fait un texte théorique. J'ai aussi inclus des dizaines d'exercices qui offrent une approche claire et par étapes qui vous permet d'apprendre une technique précise, par exemple vous mettre à l'écoute des changements dans votre niveau de stimulation. Vous trouverez également un grand nombre de conseils vous suggérant des moyens précis d'utiliser une habileté de façon aussi efficace que possible.

Il y a aussi, tout au long du livre, des sections intitulées «L'intelligence émotionnelle au travail». Elles comportent des témoignages que j'ai accumulés au cours des années de personnes qui ont participé aux séminaires que j'ai donnés pour de grandes entreprises, des organismes gouvernementaux, l'armée, des hôpitaux, des systèmes scolaires et des écoles commerciales. J'espère que ces récits vous aideront à comprendre clairement que l'intelligence émotionnelle fonctionne *vraiment*.

L'intelligence émotionnelle au travail est divisé en deux parties. La première porte sur l'utilisation **intrapersonnelle** de votre intelligence émotionnelle: comment la développer et l'employer pour vous-même. La seconde traite de l'utilisation sur le plan **interpersonnel**: comment améliorer vos relations avec les autres.

Mes trois objectifs

Ce livre comporte beaucoup d'information sur la façon d'utiliser efficacement votre intelligence émotionnelle au travail. Vous pourrez en saisir et en utiliser une partie presque immédiatement, alors que vous devrez attendre un certain temps avant de voir la pertinence du reste des renseignements et de pouvoir les adapter à votre situation.

Toutefois, au-delà des aspects pratiques de l'intelligence émotionnelle, il y a trois points que je souhaite vous voir garder à l'esprit en lisant ce livre et en allant au travail. Mon premier objectif est de vous voir prendre conscience de l'importance qu'ont les émotions au travail et sur votre propre rendement. Bien que les émotions aient un pouvoir immense sur le comportement, on a longtemps considéré qu'elles n'avaient pas leur place au travail, comme si la personnalité affective n'avait rien à voir avec les affaires. De nos jours, cependant, un grand nombre d'études indiquent que non seulement les émotions font partie de l'expérience de travail, mais qu'elles déterminent aussi la trajectoire que suit l'entreprise. Ce livre vous le prouve dans des dizaines d'exemples.

Mon deuxième objectif est de vous voir bien saisir l'impact que le développement de votre intelligence émotionnelle peut avoir sur votre réussite au travail. Qu'il s'agisse de satisfaction personnelle ou de possibilités d'avancement, une fois que vous avez compris comment l'intelligence émotionnelle vous mène à la réussite professionnelle, vous serez motivé à utiliser de votre mieux les habiletés de l'intelligence émotionnelle.

Mon dernier objectif est de vous voir comprendre le besoin d'aider les autres à développer leur intelligence émotionnelle en vue de bâtir une organisation intelligente sur le plan émotionnel. Imaginez seulement ce que ce serait de travailler dans une entreprise où, par exemple, la compréhension et le respect seraient à la base des communications de chacun, où les gens établiraient des buts en groupe et aideraient les autres à les atteindre, et où l'enthousiasme et la confiance seraient monnaie courante. Cet objectif devrait suffisamment vous inspirer à encourager tous les employés de votre entreprise à développer leur intelligence émotionnelle.

Voilà quels étaient mes buts au moment où j'ai écrit ce livre. J'espère avoir fait preuve de suffisamment d'intelligence émotionnelle pour les avoir atteints.

Hendrie Weisinger

PREMIÈRE PARTIE

ACCROÎTRE SON INTELLIGENCE ÉMOTIONNELLE

Vos émotions peuvent vous fournir de précieux renseignements sur vous-même, sur les autres et sur ce que vous vivez. Vous mettre en colère contre un collègue de travail peut être le signe que vous vous sentez dépassé par une charge de travail excessive. Être anxieux à propos d'une présentation à faire peut vouloir dire que vous devriez mieux connaître les faits et les chiffres à présenter. Vous sentir frustré par rapport à un client peut indiquer que vous avez besoin de trouver différents moyens de l'amener à agir avec vous. En enregistrant les renseignements que vous fournissent vos émotions, vous pouvez modifier votre comportement et vos pensées de manière à renverser la situation. Dans le cas de l'accès de colère, par exemple, vous pourriez comprendre l'importance de trouver une façon de réduire votre charge de travail ou de mieux organiser vos tâches.

Comme vous le voyez, **les émotions jouent un rôle important au travail**. De la colère à la joie, de la frustration à la satisfaction, vous faites face à des émotions – les vôtres et celles des autres – chaque jour au travail. Il s'agit donc d'utiliser ces émotions avec intelligence et c'est tout à fait ce que nous voulons dire lorsque nous parlons d'**intelligence émotionnelle** : utiliser nos émotions pour guider notre comportement et nos pensées de façon à parvenir aux résultats voulus.

Heureusement, il est possible d'accroître et de développer notre intelligence émotionnelle. Ce n'est pas une qualité que nous possédons ou non. Pour augmenter notre intelligence émotionnelle, il faut connaître et mettre en pratique les habiletés qui la composent, soit la **conscience de soi**, la **gestion des émotions** et la **motivation personnelle**.

Dans la première partie de ce livre, nous verrons comment vous pouvez accroître votre intelligence émotionnelle en développant une conscience de soi élevée, en apprenant à gérer vos émotions et en devenant expert en matière de motivation personnelle. Puis, dans la deuxième partie, vous apprendrez à utiliser votre intelligence émotionnelle pour rendre vos relations avec vos clients, vos collègues et vos patrons aussi productives que possible.

1

DÉVELOPPER UNE CONSCIENCE DE SOI CLAIRE

Au cours d'une journée de travail, il est possible que vous ayez à parler à un client en colère, à réagir aux inquiétudes de votre patron, à présenter une idée pendant une réunion. Un certain nombre de facteurs influent sur votre façon de vous acquitter de ces tâches. En effet, si le client en colère fait des demandes déraisonnables de manière répétée, vous pourriez bien vous emporter contre lui. Si vous êtes sûr de votre rôle dans un projet, vous pourrez sans doute calmer les inquiétudes de votre patron. Si vous pensez que vos collègues considèrent que vous n'avez pas assez d'expérience pour faire votre travail, vous pourriez vous sentir intimidé et inquiet devant la perspective de leur présenter vos idées au cours d'une réunion.

Avoir conscience à la fois de vos sentiments, de votre comportement ainsi que des perceptions d'autrui vous permet d'agir **à votre avantage**. Reprenons le premier exemple et disons que vous êtes conscient du fait que votre client vous rend fou; vous savez aussi que le fait de vous le mettre à dos pourrait avoir des conséquences fâcheuses. Alors, plutôt que de l'irriter davantage en vous emportant contre lui, vous pourriez tenter de le calmer. Dans l'exemple du patron inquiet, si vous sentez qu'il est préoccupé par le fait que le succès de ce projet dépend de beaucoup de choses, vous pourriez prendre le temps de lui expliquer ce que vous avez fait et l'assurer que le projet recevra un accueil favorable. Quant au dernier exemple, si vous vous rendez compte que vos collègues croient que vous manquez d'expérience, vous voudrez alors sans doute bien vous préparer avant de présenter vos idées.

Pour augmenter votre conscience de soi, vous devez vous mettre à l'écoute de toute l'information que vous transmettent vos sentiments, vos sens, vos perceptions, vos gestes et vos intentions. Cette information vous aide à comprendre comment vous réagissez, comment vous vous comportez, comment vous communiquez et comment vous agissez dans différentes situations. C'est ce que nous voulons dire par **conscience de soi**. Dans ce chapitre, nous verrons comment une conscience de soi élevée vous rend plus efficace au travail.

1.1 Pourquoi la conscience de soi est la composante fondamentale de l'intelligence émotionnelle

Comme nous l'avons vu dans l'introduction, pour accroître votre intelligence émotionnelle, vous devez apprendre à gérer vos émotions et à vous motiver. Vous pouvez tirer le maximum de votre intelligence émotionnelle en développant vos compétences en **communication**, en **relations interpersonnelles** et en **coaching**.

La conscience de soi est au cœur de chacun de ces domaines parce qu'il ne peut y avoir d'intelligence émotionnelle que lorsqu'on perçoit clairement ses données affectives. Ainsi, pour pouvoir gérer votre colère, vous devez savoir ce qui la provoque et comment elle surgit en vous; vous pouvez par la suite apprendre à atténuer cette émotion et à en tirer profit. Pour court-circuiter le découragement qui vous empêche de vous motiver, vous devez vous rendre compte de la façon dont vous laissez les énoncés négatifs saboter votre travail. Pour aider les autres à s'aider, vous devez être conscient de votre engagement émotif dans la relation.

Une conscience de soi claire vous permet d'être à l'écoute de vous-même, de vous observer en action. Vous devez comprendre ce qui vous fait agir d'une certaine manière avant de pouvoir modifier vos gestes pour en arriver à de meilleurs résultats. Vous devez comprendre ce qui est important à vos yeux, ce que vous ressentez, ce que vous voulez et comment vous entrez en relation avec les autres. Ces connaissances guideront votre comportement tout en vous fournissant un cadre solide qui vous aidera à effectuer les choix les plus appropriés, qu'il s'agisse de savoir quel client aller voir ou si vous devez ou non changer d'emploi.

Pour savoir comment naviguer dans le monde du travail, quelle direction prendre et comment la conserver, il vous faut un **gyroscope**. Pensez à la conscience de soi de cette façon : elle vous aide à garder le cap et vous avertit dès le moment où vous sortez de votre trajectoire.

1.2 Comment une faible conscience de soi peut nuire à nos actions

Au cours d'un séminaire que j'ai donné il y a quelques années, un scénariste, que nous appellerons Paul, nous a fait part d'une expérience malheureuse qu'il avait vécue avec une productrice. Il lui avait présenté son dernier scénario, auquel il avait vraiment travaillé très fort. Lorsqu'ils se rencontrèrent pour en discuter, la productrice lui lança que c'était l'un des pires scénarios qu'elle eût jamais lus. «Elle était intransigeante et en colère», indiqua Paul. Quelques jours plus tard, Paul rencontre la productrice dans un studio. Il décide de lui dire à quel point sa façon de le traiter l'avait complètement bouleversé. «Elle était tout étonnée, dit-il. Elle niait avoir été intransigeante et en colère. En fait, elle ne tentait pas simplement de se défendre : elle était vraiment sincère.»

En réalité, la productrice n'a pas eu conscience de la **façon** dont elle s'en est prise à Paul et de ce qu'étaient ses sentiments réels (colère parce que le scénario ne répondait pas à ses attentes et frustration d'avoir perdu son temps). Ainsi, non seulement s'est-elle mise Paul à dos, mais elle a fini, plus tard, par perdre son emploi.

Dans les trois exemples que nous avons vus au début du chapitre, il est facile de voir comment une conscience de soi floue pourrait mener à des résultats très différents de ceux que nous avons mentionnés. En ne reconnaissant pas que vous êtes en colère contre votre client et en n'étant pas en mesure de contrôler cette émotion, vous vous mettrez peut-être à crier et en viendrez ainsi à nuire à votre relation avec lui. En ne tenant pas compte des préoccupations de votre patron, vous pourriez le rendre encore plus inquiet et lui faire perdre confiance en vos capacités. En ne percevant pas les doutes de vos collègues quant à votre expérience, vous pourriez ne pas vous préparer suffisamment pour la réunion et, par conséquent, leur donner amplement raison à propos de ce qu'ils pensaient de vous.

Un manque de conscience de soi vous empêche d'avoir toute l'information dont vous avez besoin pour prendre des décisions éclairées. Vous ne choisiriez probablement pas un vendeur par rapport à un autre sans prendre au préalable toute l'information nécessaire sur chacun des candidats, de crainte de ne pas prendre la bonne décision. De la même façon, une conscience de soi floue vous empêche de réagir de la bonne façon devant les gens et les situations, puisque vous les abordez avec la mauvaise information.

1.3 Augmenter sa conscience de soi

Nous avons mentionné que la conscience de soi est la **clé de l'intelligence émotionnelle**, qu'elle a une importance déterminante quant à votre réussite au travail et que le fait d'en manquer peut nuire à votre efficacité. Nous verrons maintenant comment augmenter votre conscience de soi. Sachez qu'il n'est pas nécessaire d'y consacrer des heures et des heures de psychothérapie coûteuse. Il suffit simplement d'y accorder une réflexion sérieuse et d'avoir le courage d'examiner comment vous réagissez aux gens qui vous entourent et aux événements que vous vivez au travail. Plus précisément, vous devez, premièrement, examiner vos perceptions ; deuxièmement, être à l'écoute de vos sens ; troisièmement, être à l'écoute de vos sentiments ; quatrièmement, connaître vos intentions ; et cinquièmement, porter attention à vos gestes.

1.3.1 Examiner ses perceptions

Les perceptions sont constituées des différentes impressions, interprétations et attentes que vous avez de vous-même, des autres et de
ce que vous vivez. Elles sont influencées par divers facteurs qui
façonnent votre personnalité (milieu familial, expériences passées,
habiletés naturelles, systèmes de croyances) et elles prennent
généralement la forme de pensées ou de dialogue intérieur («Cette
présentation va être un vrai désastre. Je vais tout rater.»). En prenant
conscience de vos perceptions, vous apprenez comment vos pensées
influent sur vos sentiments, vos gestes et vos réactions. Vous pouvez
ensuite les modifier en conséquence.

Dans le cas de la présentation, par exemple, vous avez l'impression que vous ne pouvez faire face à la situation. Vous croyez que
vous allez subir un échec retentissant. Cette perception négative peut
vous mener à avoir raison : à cause de vos craintes, vous serez
nerveux, semblerez ne pas maîtriser la situation et raterez votre
présentation. Mais si vous reconnaissez que vous avez tendance à
avoir des perceptions négatives, vous pouvez essayer de donner une
tournure positive à votre dialogue intérieur («Ça va bien aller ; j'ai tous
les faits en main et tous les éléments sont clairs.»). De cette façon,
vous vous rassurez, vous vous détendez et vous faites une présentation claire et précise.

C O N S E I L S

**PRENEZ CONSCIENCE DE LA FAÇON DONT
VOUS ÉLABOREZ VOS PERCEPTIONS**

Formulez des énoncés «Je pense». Ces énoncés commencent
par «Je pense»: «Je pense que c'est une bonne idée.» «Je
pense que nous devrions rencontrer ces gens.» «Je pense qu'il
ne travaille pas aussi fort qu'il le pourrait.» En utilisant des
énoncés comme ceux-là, vous clarifiez votre pensée et vous

reconnaissez que vous êtes responsable de vos perceptions (ce qui est important — nous le verrons plus loin).

Engagez régulièrement un dialogue intérieur. C'est le fait de vous parler à vous-même, comme dans le cas de la personne avant sa présentation. Choisissez un moment, chaque jour, où vous pouvez vous parler à vous-même: «Je pense que mon patron n'a pas été raisonnable lorsqu'il m'a demandé de traiter plus de commandes qu'avant.» «J'ai encore de la difficulté à travailler avec Claire.» «Je pense que la présentation a été réussie.» À la longue, vous vous rendrez compte de ce qui revient dans vos dialogues intérieurs; peut-être font-ils part d'un sentiment d'insécurité, soulèvent-ils des doutes ou semblent-ils toujours être positifs. En en relevant les caractéristiques, vous voyez si vos dialogues intérieurs travaillent pour vous ou contre vous. Par exemple, soulever des doutes («Je pense que le nouvel horaire ne fonctionnera pas.») peut être positif parce que cela vous amène à vous poser des questions sur les politiques, les décisions et les gestes posés. Par ailleurs, si vous avez toujours des doutes sur tout, vous pourriez être réfractaire au change-ment, ce qui, probablement, jouera contre vous.

Réfléchissez aux rencontres lorsque vous êtes calme. Prenez quelques minutes après une rencontre avec votre patron, un collègue ou tout le personnel pour vous demander ce qui a influé sur votre évaluation de la rencontre. Par exemple, après avoir parlé avec votre patron, vous vous dites: «Il ne sait pas de quoi il parle.» Demandez-vous si cela est effectivement le cas. Au contraire, n'est-ce pas plutôt que votre patron *sait* de quoi il parle, mais n'est pas d'accord avec vous? Si votre patron a obtenu le poste pour lequel on avait aussi envisagé votre can-didature, vérifiez si cela vous amène à penser que tout ce qu'il dit n'est pas correct. En engageant un dialogue intérieur avec vous-même lorsque vous êtes calme, vos évaluations peuvent être plus souples et rationnelles et vous en arrivez à des con-clusions justes. Si vous évaluez vos rencontres lorsque vous êtes agité, vos conclusions risquent plutôt d'être inexactes.

Demandez aux autres leurs idées. Comme chaque événement peut être évalué de différentes manières, demander aux autres ce qu'ils en pensent est souvent une bonne idée. Dans l'exemple du patron, si des collègues étaient présents, vous pourriez leur demander s'ils pensent que votre patron est sur la bonne voie, s'ils croient qu'il maîtrise les faits et qu'il les a présentés de manière logique. Leurs réponses peuvent vous aider à savoir si votre perception était loin de la réalité, correspondait à celle-ci ou se situait entre les deux.

En prenant conscience de la façon dont vous élaborez vos perceptions, vous augmentez vos chances de les rendre justes, précises et claires. Mais comme elles sont si subjectives, vous risquez soit d'aller trop loin, de ne pas tenir compte des évaluations d'autrui ou de juger que les vôtres sont inébranlables, soit de ne pas aller assez loin, de ne pas reconnaître leur effet sur vos réactions et de les croire inexactes.

1.3.2 Être à l'écoute de ses sens

Vos sens — la vue, l'ouïe, l'odorat, le goût et le toucher — sont à la source de toutes les données que vous obtenez du monde. C'est à l'aide de vos sens que vous recueillez de l'information sur vous-même, sur autrui et sur différentes situations. Mais il survient parfois quelque chose de curieux à nos sens : nos perceptions les filtrent et les transforment. Revenons à l'exemple du patron que vous considérez comme un incompétent. Au cours de la réunion, il a dit ne pas avoir eu la chance d'examiner en profondeur le sujet dont il est question, car il a eu à s'occuper d'autres choses ; il voulait tout de même que la réunion permette une discussion préliminaire. Vous êtes si sûr de son incompétence que vous ne l'avez pas entendu mentionner cela. Vous avez ainsi attribué sa compréhension inadéquate du sujet à de la stupidité plutôt qu'à un manque de temps. **Votre perception de sa performance a ensuite servi de filtre** ; vous avez, en quelque sorte, effacé des choses importantes qu'il disait. Mais plus votre conscience de soi est claire, plus vous avez de facilité à tenir compte du processus de filtration et à faire la distinction entre des données sensorielles et des perceptions.

Faire la distinction entre les données sensorielles et les perceptions

Au cours de mes séminaires, je soumets souvent aux participants un exercice qui établit clairement la distinction entre les données sensorielles et les perceptions. Je leur demande de tenir une conversation de trois minutes avec un partenaire, puis de présenter les données sensorielles que chacun a observées chez son interlocuteur. Je leur dis de ne pas tenir compte des perceptions, des sentiments et des conclusions. Malgré tout, cet exercice est difficile à réaliser, puisque leurs réponses ressemblent aux suivantes:

« Tu as l'air triste. »

« Je vois que tu bouges nerveusement. »

« Je pense que tu es enthousiaste. »

Tristesse, nervosité et enthousiasme sont des perceptions. Voici ce qu'auraient été des données sensorielles:

« Je vois un froncement de sourcils, un menton plissé. »

« Je sens que tu bouges le pied sans cesse. »

« Je t'entends parler rapidement, d'une voix modulée et forte. »

À partir de cette liste, il est facile de voir comme les données sensorielles peuvent être mal interprétées. En effet, la personne au menton plissé peut être simplement concentrée, et non triste. Pour interpréter cette donnée comme étant de la tristesse, il nous faut plus de détails (par exemple, le directeur a mentionné qu'il la voyait souvent assise seule à la cafétéria, le regard perdu, et qu'il l'a entendue avoir des conversations animées au téléphone avec son conjoint).

Les données sensorielles semblent parfois contradictoires. On pourrait voir la personne qu'on a trouvée enthousiaste en train de faire les cent pas dans son bureau, puis s'asseoir un moment devant son ordinateur sans rien écrire et prendre de longues pauses pour fumer une cigarette. Ces données ne correspondent pas à de l'enthousiasme, mais à de l'indécision. Par ailleurs, ce pourrait aussi être une façon pour cette personne de s'imprégner du sujet; le lendemain, elle pourrait être assise à son bureau, tapant son texte durant des heures, apparemment enthousiaste à l'idée du projet en question.

En étant à l'écoute de vos sens, vous pouvez vérifier, éclaircir et modifier vos perceptions au besoin. Voici quelques exercices qui vous aideront à mieux prendre conscience de ce que vos sens vous fournissent comme information.

EXERCICE

METTEZ-VOUS À L'ÉCOUTE DE VOS SENS

En marchant dans la rue

1. Prenez de grandes respirations et essayez d'identifier le plus d'odeurs possible: l'odeur métallique de la grille du métro, l'odeur de savon qui se dégage des sécheuses.

2. Portez attention à tous les sons que vous entendez, particulièrement à ceux pour lesquels vous faites habituellement la sourde oreille: une porte de voiture qui se referme au loin, un avion, un bébé qui pleure dans un appartement voisin.

3. Remarquez tout ce que votre corps ressent: un tissu sur votre peau (soyeux ou rugueux?), vos pieds dans vos chaussures (à l'aise ou à l'étroit?), la surface sous vos pieds (dure? inégale?).

Vous pouvez aussi faire cet exercice lorsque vous êtes assis à votre bureau, à la table de la salle à manger ou à tout autre endroit. Il a pour but d'aiguiser vos sens et de vous aider à faire la différence entre les données sensorielles et les perceptions. Vous pourrez ainsi vous fier à l'information que vous donnent vos sens pour formuler des perceptions justes («Cette promenade a été désagréable à cause des odeurs du métro, du tissu rugueux de mon pantalon, de la surface inégale de la route.»).

Au cours d'une réunion

Au cours de la prochaine réunion à laquelle vous assisterez, essayez d'évaluer l'humeur du groupe en vous fiant seulement à des données sensorielles. Le goût, le toucher et l'odorat ne vous serviront sans doute pas dans ce cas-ci, mais utilisez la vue et l'ouïe.

1. *La vue.* Portez attention à la façon dont les gens se regardent lorsqu'ils se parlent et écoutent ce que les autres ont à dire. Se regardent-ils droit dans les yeux? (Cela peut être un signe de confiance.) Celui qui parle regarde-t-il tout le monde ou seulement une personne? (Regarder tout le monde peut indiquer que la personne est à l'aise avec le groupe et le considère comme une équipe.) Les personnes qui écoutent sont-elles attentives ou regardent-elles un peu partout? (Dans le premier cas, elles démontrent leur intérêt et dans le deuxième, leur manque d'intérêt.) Voyez-vous des gens sourire, froncer les sourcils, être furieux ou satisfaits?

2. *L'ouïe.* Écoutez les sons qu'il y a dans la pièce et la voix des participants. Lorsqu'une personne parle, entend-on seulement sa voix ou les gens bouger sur leur chaise? (Dans le premier cas, les gens s'intéressent à ce qui est dit et dans le deuxième, ils trouvent peut-être cela ennuyeux.) Ceux qui prennent la parole parlent-ils d'une voix stridente? (Cela pourrait être un signe de colère ou de frustration.) D'une voix hésitante? (Cela pourrait indiquer un manque de connaissance du sujet.) Entendez-vous les gens marmonner pendant qu'une personne parle? (Cela pourrait être un signe d'enthousiasme s'ils approuvent ce que dit la personne tout en ayant d'autres commentaires à apporter ou encore un signe de désapprobation s'ils font part de leur désaccord à leurs voisins.) Les gens crient-ils, chuchotent-ils, se lamentent-ils ou coupent-ils la parole?

3. À la fin de la réunion, examinez les données que vous avez recueillies et voyez ce que vous pouvez en déduire au sujet de l'humeur du groupe. Par exemple, le personnel était enthousiaste à l'égard des changements proposés pour rendre les installations plus ergonomiques; les employés semblaient contents que la direction soit prête à effectuer ces changements; ils semblaient vouloir travailler ensemble pour les réaliser; ils semblaient tous en saisir l'importance.

Cet exercice montre clairement que les données sensorielles influent sur vos perceptions. En avoir conscience vous permet de vous fier davantage à vos sens et d'en arriver à des conclusions encore plus justes.

1.3.3 Être à l'écoute de ses sentiments

Vos sentiments constituent des réponses affectives spontanées aux interprétations que vous faites et aux attentes que vous avez. Comme les données sensorielles, ils fournissent de l'information importante qui vous aide à comprendre pourquoi vous agissez de telle ou telle façon. Ils vous indiquent votre degré de confort dans une situation donnée et ils vous permettent de comprendre vos réactions. C'est pourquoi il est si important d'être à l'écoute de vos sentiments.

Disons que vous avez eu une journée difficile au travail. Votre patron vous a chargé de vous occuper d'un nouveau projet alors que vous en avez déjà plus qu'assez à faire et que l'information dont vous aviez besoin pour remettre un rapport le lendemain ne vous a pas encore été transmise. Une fois à la maison, votre fille vous accueille en sautillant autour de vous pour vous montrer un dessin qu'elle a fait. Vous tempêtez et vous l'envoyez dans sa chambre. Vous semblez donc en colère contre votre fille. Mais si vous prenez le temps de vous demander ce qui se passe réellement, vous vous rendez compte que vous êtes en colère contre votre patron et frustré à cause de votre charge de travail. Votre fille a agi comme elle le fait tous les jours, et habituellement vous la prenez et la serrez dans vos bras, et vous vous assoyez avec elle pour regarder ses dessins. Si, en revenant à la maison, vous aviez tenté d'être à l'écoute de votre malaise et de reconnaître que vous étiez en colère et frustré, vous auriez pu éviter de vous emporter contre votre fille.

Pour la plupart d'entre nous, il n'est pas facile d'être à l'écoute de nos émotions. En effet, pour être à leur écoute, particulièrement dans le cas de celles qui sont pénibles comme la colère, la tristesse et l'amertume, il faut en avoir fait l'expérience et cela peut être douloureux. Ainsi, nous les ignorons, les renions ou tentons de leur donner une explication logique. De cette façon, nous évitons peut-être de mal nous sentir sur le moment, mais, en même temps, nous nous empêchons d'utiliser l'information précieuse que pourraient nous fournir nos sentiments et, par conséquent, d'utiliser nos émotions intelligemment.

Nous verrons plus en détail comment gérer nos émotions dans le chapitre suivant. Ce qu'il faut retenir pour le moment, c'est qu'en ignorant ou en reniant nos émotions, nous n'apprenons pas à travailler avec elles. Des sentiments négatifs peuvent vous rester sur le cœur, et vous laisser vous sentir plus mal que si vous vous étiez mis à leur écoute. En les reconnaissant, vous pouvez les gérer et passer à autre chose.

Bien qu'il soit difficile d'être à l'écoute de vos sentiments, c'est loin d'être impossible. Tout comme pour les autres étapes visant à développer la conscience de soi, il faut s'y exercer. Les conseils suivants vous aideront à prendre conscience de vos sentiments.

SOYEZ À L'ÉCOUTE DE VOS SENTIMENTS

Apprenez à reconnaître les manifestations physiques. Bien que les sentiments soient intérieurs, ils se manifestent souvent par des signes extérieurs. En portant attention à ces derniers, vous pouvez commencer à comprendre les sentiments auxquels ils correspondent. Par exemple, si vous sentez que votre visage devient chaud au cours d'une conversation, c'est peut-être parce que vous êtes embarrassé. Si vous sentez votre estomac se nouer, peut-être êtes-vous nerveux. Si vous sentez que votre corps est détendu, vous êtes probablement à l'aise avec la personne avec qui vous vous trouvez. Disons que cette personne est un employeur potentiel. Après l'entrevue, vous vous demandez comment vous vous sentiriez si vous aviez à travailler avec cette personne. Elle semble très exigeante par rapport à ce qu'elle veut que vous fassiez et elle vous fait mettre en doute vos compétences. Par ailleurs, vous étiez détendu avec elle ; peut-être vous sentirez-vous à l'aise de travailler avec elle.

Apprenez à reconnaître les comportements. Tel sentiment entraîne souvent tel comportement. En travaillant à rebours encore une fois, c'est-à-dire en examinant comment nous nous comportons, nous pouvons souvent reconnaître quel sentiment nous anime. Par exemple, si vous serrez le bras de votre chaise au cours d'une conversation, vous êtes peut-être en colère. Si vous tapotez votre crayon sur le bureau, vous êtes peut-être anxieux. Si vous vous rendez compte que vous souriez, vous êtes probablement heureux. Ces comportements vous indiquent quels sont vos sentiments.

Voici maintenant un exercice qui vous aidera à être à l'écoute de vos sentiments.

EXERCICE

TENEZ UN JOURNAL DE VOS SENTIMENTS

Si vous croyez que cet exercice s'adresse à des écoliers, dites-vous que les étudiants de première année à la maîtrise en administration de bon nombre d'universités doivent tenir un journal de leurs sentiments. Cet exercice a pour but, et c'est pourquoi je vous le recommande aussi, de vous faire prendre davantage conscience de vos émotions en général. Il vous permet aussi de vous rendre compte du rôle que jouent vos émotions au travail.

Voici ce que vous devez faire:

1. À différents moments au cours de la journée, ou à la fin de chaque jour de travail, prenez note dans un cahier des sentiments que vous avez vécus dans les heures précédentes et de ce qui les a provoqués. Il peut s'agir de soulagement parce que le personnel de la compagnie de transport a recommuniqué avec vous, d'anxiété parce que la commande ne sera pas prête à temps, de joie parce que vos dates de vacances ont été acceptées, de crainte parce que cinq employés ont été licenciés. Écrivez-les tous, même s'ils vous semblent avoir peu d'importance.

2. Après quelques semaines ou un mois, revenez sur ce que vous avez noté. Est-ce que vous vivez certaines émotions plus souvent que d'autres? (Par exemple, êtes-vous souvent en colère?) Les mêmes sentiments reviennent-ils sans cesse pour la même raison (anxiété constante à cause des délais dans les commandes)? Au cours de cet examen, vous pourriez voir quels changements il vous faudrait apporter, par exemple pour éliminer votre anxiété. Sinon, comme dans le cas de la crainte d'être licencié, vous pourriez trouver comment en arriver à ce que cette émotion ne nuise plus à votre travail (nous verrons cela dans le prochain chapitre).

Le journal des sentiments vous permet de connaître quelles émotions vous vivez et lesquelles reviennent le plus souvent. Vous pouvez ainsi explorer pourquoi vous vivez ces émotions et, si elles sont négatives, comment vous pouvez changer les choses pour ne plus les subir. En examinant votre journal, vous pouvez aussi avoir une idée **des émotions que vous ne vivez pas**. Disons que vous ne ressentez jamais ni joie ni satisfaction. Vous pourriez vous demander pourquoi et voir ce que vous pouvez faire à ce sujet.

EXERCICE

REVIVEZ MENTALEMENT UNE SITUATION PÉNIBLE

Je suis certain que cet exercice vous semblera des plus amusants… Il a beaucoup d'importance parce que revivre mentalement une expérience difficile vous permet d'apprendre comment vous réagissez aux situations sur le plan affectif et de considérer l'émotion comme moins terrible.

Nous voulons habituellement éviter de vivre des émotions pénibles, mais nous pouvons en apprendre beaucoup de ces dernières et il est utile de comprendre comment nous pouvons les exploiter. L'exercice suivant vous aidera dans ce sens.

1. *Concentrez-vous sur la situation pénible.* Pour ce faire, choisissez un moment et un endroit calmes. Fermez les yeux. Rappelez-vous ce qui vous a amené à vous sentir déprimé, triste ou blessé.

2. *Tentez de reconstituer la scène aussi fidèlement que possible.* Vous pouvez ainsi mieux revivre l'émotion. Supposons que votre directeur vous a fait venir dans son bureau parce qu'il voulait vous parler. Une fois dans son bureau, vous vous êtes assis. Vous pouviez voir la neige entassée sur le toit de l'entrepôt. Vous avez aussi vu les photos de ses enfants sur son bureau. Vous entendiez les camions circuler à l'extérieur. Vous étiez assis sur une chaise de plastique inconfortable.

3. *Tentez de vous rappeler la conversation.* «Jean, a dit votre patron, je dois te dire que ton rendement est nettement insuffisant par rapport à celui des autres employés de ton équipe. Tu sais qu'il nous faut travailler d'arrache-pied pour mettre le produit sur le marché avant le début de la nouvelle année. Je ne sais pas ce qui t'arrive, mais j'aimerais bien que tu me le dises parce que si tu

ne peux faire le travail, j'ai une longue liste de candidats qui peuvent le faire.»

4. *Tentez de revivre les émotions que vous avez vécues au cours de cette rencontre.* La honte de voir votre travail rabaissé et vos compétences mises en doute. La colère contre l'attitude déraisonnable du directeur: votre tâche était beaucoup plus compliquée que celle des autres employés de l'équipe. La peur de perdre votre emploi et de ne pas en trouver un autre; vous et vos enfants vous retrouveriez dans la rue. La peine de savoir que le directeur n'a pas reconnu le dévouement que vous avez démontré au cours de toutes ces années, même lorsque les allocations ont été réduites.

5. *Demandez-vous si vos émotions étaient justifiées.* La peur était sans doute une réaction excessive: vous ne pensiez pas vraiment que votre patron allait vous congédier. La honte n'était pas fondée non plus: vous saviez bien que vous aviez travaillé aussi fort que les autres dans les circonstances.

À la fin de cet exercice, vous aurez appris certaines choses sur vous-même. Ainsi, vous aurez découvert que vous avez tendance à exagérer les conséquences négatives d'une situation (être congédié) et que vous vous sentez facilement honteux même lorsque cela n'est pas justifié.

Vraisemblablement, ce que vous apprenez vous aidera à réduire les conséquences de ces émotions et vous apportera un certain soulagement.

1.3.4 *Apprendre à connaître ses intentions*

Les intentions peuvent correspondre à vos désirs immédiats: **ce que vous voulez accomplir aujourd'hui, dans une situation particulière**. Elles peuvent aussi se rapporter à des désirs à long terme: ce que vous voulez avoir accompli avant la fin de l'année ou au cours de votre vie. Pour les besoins de ce livre, nous nous en tiendrons aux intentions à **court terme**, étant donné que ce sont souvent celles qui donnent le plus de problèmes aux gens.

Prendre pleinement conscience de vos intentions vous permet de mieux établir votre stratégie quant aux gestes à faire. Par exemple, qu'attendez-vous d'un client?

1. Voulez-vous conclure la vente le plus rapidement possible?
2. Voulez-vous être son principal fournisseur?
3. Voulez-vous lui faire bonne impression pour qu'il vous recommande d'autres clients?

Voici ce que vous déciderez selon votre intention:

1. Ce que vous voulez réellement, c'est une vente rapide; vous pouvez alors baisser votre prix.
2. Vous voulez une relation à long terme en tant que fournisseur; vous pouvez alors baisser votre prix et dépenser beaucoup d'énergie à satisfaire ses moindres besoins.
3. Vous voulez faire bonne impression; vous devez donc travailler le plus fort possible avec lui.

Il est parfois aussi difficile de connaître nos intentions que nos sentiments. Les sentiments, nous les renions ou les ignorons parce qu'il est pénible d'y faire face. Les intentions, nous les confondons souvent les unes avec les autres: nous voyons notre intention apparente, mais pas notre plan derrière tout cela.

Supposons que, vous voulez être promu vice-président. Mais derrière cela, vous voulez que vos parents, qui ont toujours cru que vous n'arriveriez à rien dans la vie, soient impressionnés par votre succès. Dans ce cas, reconnaître que votre intention réelle est d'impressionner vos parents ne signifie pas que vous devez nécessairement modifier votre plan; le savoir clarifie simplement votre intention *réelle*.

Une autre difficulté en ce qui concerne les intentions, c'est qu'elles semblent parfois entrer en conflit les unes avec les autres. Vous voulez hurler contre votre adjoint parce qu'il a oublié de vous transmettre un message important, mais vous voulez aussi qu'il se sente à l'aise de travailler avec vous, ce qui ne serait pas le cas si vous lui disiez des bêtises. En établissant que votre intention réelle est d'avoir une bonne relation avec votre adjoint, vous vous organiserez pour maîtriser votre colère afin de ne pas hurler contre lui s'il commet une erreur.

Voici quelques conseils qui vous aideront à clarifier vos intentions.

APPRENEZ À CONNAÎTRE VOS INTENTIONS

Croyez en votre comportement. Habituellement, lorsque vous faites quelque chose, c'est parce que vous le voulez ou, du moins, parce que vous sentez qu'il y a un avantage à faire cette chose. De cette façon, votre comportement est un bon indice de vos intentions. Supposons que vous dites à votre patron que vous allez travailler, à votre grand désarroi, le jour de Noël. À quoi pensez-vous? Votre famille sera furieuse, vous êtes déjà épuisé et vous avez vraiment besoin de ce congé. La décision donne un indice de votre intention: vous voulez que votre patron pense que vous êtes consciencieux et responsable afin qu'il considère votre candidature pour une promotion à venir. En utilisant votre comportement comme indice, vous pouvez mieux comprendre quelles sont vos intentions réelles.

Ayez confiance en vos sentiments. Si vous vous sentez heureux ou satisfait dans une situation donnée, il y a de fortes chances pour que vous ayez choisi cette situation pour une bonne raison. Dans le cas du client que nous avons vu précédemment, disons que vous portez votre choix sur la deuxième situation: vous voulez établir une relation à long terme avec lui. Ainsi, vous baissez votre prix, vous vous assurez qu'il reçoive sa commande à temps et vous mettez en place un système de facturation qui répond mieux à ses besoins. Vous découvrez que cette façon de faire vous satisfait. Votre satisfaction indique que votre intention réelle est bien de développer une relation à long terme. Au contraire, si vous agissez de la même façon mais que vous commencez à être contrarié par le fait que vous devez mettre autant de temps à satisfaire les besoins de votre client, alors vous pouvez penser que votre intention réelle est peut-être le premier choix, soit une vente rapide.

Soyez honnête envers vous-même. C'est ici qu'apparaît le plan derrière l'intention. Dans l'exemple où il était question d'impressionner vos parents, vous vous êtes peut-être posé des questions significatives pour percer votre intention. Il ne s'agit pas d'avoir plus d'argent, puisque l'augmentation de salaire est négligeable. Vous ne voulez pas non plus mettre des bâtons dans les roues de l'autre personne qui a posé sa candidature pour ce poste, étant donné que votre patron l'a déjà réprimandée parce qu'elle avait compromis votre dernier projet. Votre frère a toujours été considéré comme l'enfant parfait; voulez-vous vous en prendre à lui? Il n'est pourtant pas responsable de ce traitement. Ce que vous voulez vraiment, c'est de montrer à vos parents que vous aussi vous êtes une personne compétente, qui a su réussir dans la vie; vous croyez que c'est ce que la vice-présidence signifie.

1.3.5 Porter attention à ses gestes

Puisque les gestes se manifestent physiquement, les autres peuvent les observer et nous pouvons aussi choisir de les observer. Remarquez que *choisir* est le mot clé dans cette phrase.

Bien que nous ayons, en gros, conscience de nos gestes («Je marche pour me rendre à la réunion; je m'assois sur la chaise; je parle durant la réunion»), nous ne nous rendons souvent pas compte des nuances que comportent ces gestes: «Je marche lentement; je suis écrasé sur ma chaise; j'interromps les personnes qui parlent chaque fois que j'ouvre la bouche.» Pourtant, les autres remarquent ces nuances, et elles peuvent donner une idée de nos attitudes et de notre comportement.

Voici comment les autres peuvent interpréter les gestes que nous venons de mentionner. Vous marchez lentement pour vous rendre à la réunion parce que vous ne voulez pas y assister. Vous êtes écrasé sur votre chaise parce que la discussion ne vous intéresse pas et que vous ne voulez pas y prendre part. Vous coupez la parole parce que vous êtes en désaccord et ne voulez pas entendre ce que les autres ont à dire.

Maintenant, supposons qu'en réalité vous marchez lentement parce que vous êtes en train de rassembler vos idées; vous êtes écrasé sur votre chaise parce que vous êtes fatigué et avez mal au dos; vous coupez la parole parce que vous avez plein d'idées et êtes pressé de faire entendre vos commentaires. Vous voyez facilement pourquoi prendre conscience de tous ces gestes inconscients — façons de s'exprimer, langage corporel, comportement non verbal — vous permet d'aider les autres à mieux vous percevoir. Voici quelques conseils qui vous permettront de réussir cela.

CONSEILS

PRENEZ MIEUX CONSCIENCE DE VOS GESTES

Observez vos gestes. Choisissez un geste que vous pourriez faire au cours d'une réunion, comme votre façon d'écouter, de parler, de vous asseoir. Concentrez-vous sur ce geste pendant quelques réunions en vue de découvrir toutes vos façons de faire. Supposons que vous avez choisi votre façon d'écouter. Regardez-vous dans les yeux la personne qui parle lorsque vous l'écoutez ou regardez-vous ailleurs? Hochez-vous la tête à certains moments? Constamment? Jamais? Est-ce que vous bougez, ou griffonnez, ou restez immobile? Disons maintenant que vous avez choisi votre façon de parler. Est-ce que vous coupez la parole de votre interlocuteur ou attendez-vous que celui-ci ait fini de parler? Est-ce que vos phrases sont entre-coupées de longues hésitations? Regardez-vous par terre lorsque vous parlez? Une seule personne? Un grand nombre de personnes?

Une fois que vous avez découvert toutes vos façons de faire, pensez à ce qu'elles signifient. Par exemple, si vous hochez la tête constamment, votre interlocuteur peut penser que vous approuvez tout ce qu'il dit et que vous voulez en savoir davantage, mais ce n'est peut-être pas le cas. Lorsque vous parlez, si vous vous arrêtez souvent et hésitez, les gens peuvent croire que vous ne maîtrisez pas bien votre sujet, ou que vous êtes indécis, ou qu'il vous faut trop de temps pour réfléchir. En prenant conscience de vos gestes, vous pouvez les changer pour qu'ils correspondent mieux à ce que vous êtes : parler sans vous arrêter à tout moment, ou hocher la tête seulement lorsque vous voulez que votre interlocuteur sache que vous approuvez ce qu'il dit.

Observez l'effet de vos gestes. Choisissez un geste, par exemple sourire aux personnes que vous apercevez dans le corridor, rappeler des gens, utiliser le photocopieur. Portez attention aux réactions que vous obtenez. Les gens répondent-ils à votre sourire ? Engagent-ils ensuite la conversation ? Vous reconnaissent-ils plus tard à la cafétéria ? Disons que vous attendez quelques jours avant de donner suite aux messages qu'on vous laisse. Est-ce que vous trouvez que vos interlocuteurs semblent irrités lorsque vous leur parlez enfin ? Supposons que, lorsque vous utilisez le photocopieur, vous avez toujours un grand nombre de pages à photocopier et ne laissez jamais la chance aux autres d'avoir accès à la machine pour photocopier seulement quelques pages. Vos collègues marmonnent-ils et se plaignent-ils pendant qu'ils font la queue ? Sont-ils réticents à vous accorder des faveurs ? En comprenant l'effet qu'ont vos gestes sur les autres, vous pouvez modifier vos façons de faire pour qu'elles aient l'effet voulu.

Sachez que les gens peuvent réagir à vos gestes de différentes façons. Les gens sont parfois directs : «Tu sais, c'est vraiment ennuyeux que tu ne me laisses pas utiliser le photocopieur lorsque j'ai seulement quelques pages à photocopier.» D'autres peuvent faire des commentaires si subtils que vous ne les saisirez pas. Supposons que vous hésitez souvent lorsque vous parlez. Les gens qui vous écoutent se fatigueront d'attendre que vous continuiez vos phrases, de sorte qu'ils commenceront à bouger sur leur chaise et à parler entre eux. Votre patron finira par ne plus vous convoquer aux réunions.

1.4 Réunir toutes les composantes de la conscience de soi

Dans ce chapitre, nous avons étudié comment vous pouvez pleinement prendre conscience de toute l'information que vous pouvez obtenir sur vous-même. Nous avons examiné les rôles que jouent vos perceptions, vos sens, vos sentiments, vos intentions et vos gestes lorsqu'ils vous fournissent des données. Maintenant, tenez compte de tout ce que vous avez appris sur chacune des composantes de la conscience de soi et faites l'exercice suivant.

E X E R C I C E

UTILISEZ LES 5 COMPOSANTES
DE LA CONSCIENCE DE SOI

1. À la fin de la journée, prenez quelques minutes pour vous rappeler certaines activités ou tâches que vous avez effectuées. Ce pourrait être une chose aussi simple que d'être allé dans le bureau d'Hélène pour lui parler.

2. Notez comment chacune des composantes de la conscience de soi est entrée en jeu. «J'ai marché jusqu'au bureau d'Hélène pour lui poser une question (*intention*). J'ai vu qu'elle tapait son texte à toute allure sur son clavier d'ordinateur (*sens*) et je me suis dit qu'elle tenait absolument à terminer le travail auquel elle se concentrait (*perception*). J'étais très content (*sentiment*) qu'elle travaille aussi fort. Je n'ai pas voulu la déconcentrer

(*intention*); je suis donc sorti discrètement de son bureau (*action*).»

3. Vérifiez si l'une des composantes peut vous nuire ou vous empêcher de faire ce que vous voulez. Dans l'exemple d'Hélène, vous avez mis de côté votre première intention – lui parler – lorsque vous vous êtes rendu compte qu'elle était trop occupée. Vous avez donc, bien sûr, modifié ce que vous vouliez faire.

   Mais prenons un autre exemple. Vous décidez d'appeler un client potentiel (*intention*). En composant son numéro, vous sentez votre estomac se nouer (*sens*). Vous vous rendez compte que vous êtes trop nerveux pour lui parler (*interprétation*). Vous raccrochez alors le combiné (*action*). Vous êtes en colère contre vous-même parce que vous n'avez pu faire cet appel (*sentiment*). Dans ce cas-ci, votre nervosité travaille contre vous, puisqu'elle vous empêche de faire cet appel.

4. Tentez de trouver des moyens qui empêcheront les composantes de vous nuire. Dans l'exemple que nous venons de mentionner, après avoir raccroché le combiné, vous auriez pu vous parler à vous-même : «Je suis un bon vendeur. Nous avons un bon produit et je peux expliquer au client exactement pourquoi. J'ai réussi beaucoup d'autres appels. Si ce client ne veut pas acheter notre produit, je peux joindre bien d'autres clients potentiels.» Vous pouvez ensuite essayer de refaire l'appel.

En vous mettant à l'écoute de toutes les composantes de la conscience de soi, comme vous le demande cet exercice, vous obtenez un portrait complet de la situation et vous pouvez choisir la meilleure façon de faire. Pour vous mettre à l'écoute des cinq composantes en même temps, vous pouvez aussi vous poser les questions suivantes plusieurs fois par jour : Qu'est-ce que je ressens actuellement ? Qu'est-ce que je veux ? Comment est-ce que j'agis ? Quelles perceptions suis-je en train d'élaborer ? Que me disent mes sens ?

Comme vous l'avez vu dans ce chapitre, il faut de la pratique et du courage pour développer une conscience de soi claire. En cours de route, vous avez appris à revenir sur vos actions pour vous observer et évaluer ce que vous faites. Vous apprendrez ensuite à faire un bon usage de l'information que vous a fournie votre conscience de soi. Nous verrons au chapitre 2 comment la conscience de soi vous aide à **gérer vos émotions**.

2

GÉRER
SES ÉMOTIONS

Nous avons tous entendu quelqu'un — et peut-être cela vous est-il arrivé à vous-même — se faire rappeler d'«être maître de ses émotions» ou de «se relaxer». Nous entendons souvent par là qu'il faut «réprimer nos émotions». Mais comme nous l'avons appris au chapitre 1, les émotions nous fournissent bon nombre d'indices sur les raisons de nos comportements. Les réprimer nous **prive** de cette information. Étouffer nos émotions ne les efface d'ailleurs pas; cela leur permet seulement de **couver**, comme nous l'avons vu dans le cas de la colère.

Gérer vos émotions ne veut pas du tout dire les *réprimer*. Il s'agit plutôt de les comprendre pour ensuite retourner la situation à votre avantage. Disons que vous assistez à une réunion et que votre patron dénigre sans ménagement l'une de vos suggestions. Il ajoute que, si vous vous en teniez à ce que vous devez faire, vous ne présenteriez pas des idées aussi insensées. Spontanément, vous pourriez lui répondre: «Espèce d'idiot, si tu t'en tenais à ce que *tu* dois faire, tu verrais que c'est une bonne idée!» Même si vous avez probablement raison, un tel emportement de votre part résulterait sans doute en un avertissement sévère et peut-être même en un congédiement.

Dans cette situation, une façon d'agir intelligente sur le plan émotionnel serait la suivante : prenez d'abord conscience de votre colère pour vous mettre ensuite à l'écoute de vos pensées. Les premières d'entre elles ne seront pas nécessairement des plus nobles : «C'est un gros porc. Je pourrais le tuer.» Par la suite, vous engagez un dialogue intérieur constructif : «Il n'est pas raisonnable. Je ne vais pas m'abaisser à son niveau. Je ne vais pas laisser ma colère se manifester. Je sais que j'ai une bonne idée.»

Vous portez ensuite attention à tous les changements physiologiques — respiration rapide, battements frénétiques de votre cœur — que vous expérimentez et utilisez des techniques de relaxation. Vous remarquez les effets de votre colère — serrer la mâchoire ou le poing — et vous les défendez. Vous vous donnez un temps d'arrêt de quelques minutes en sortant de la pièce pour prendre un verre d'eau. Enfin, après la réunion, vous cherchez une solution à ce problème concernant votre patron qui cherche à vous humilier.

Dans ce chapitre, nous examinerons différentes façons de gérer vos émotions. Nous verrons comment vous pouvez y parvenir en prenant en main vos pensées, vos réactions viscérales et vos comportements, et approfondirons le rôle de la résolution de problèmes. Être conscient de vos émotions (comme dans l'exemple que nous venons de voir sur la colère) est la première étape. Si nécessaire, reprenez la section 1.3.3.

2.1 Faire travailler ensemble les composantes de son système émotionnel

Dans les séminaires que j'anime, je compare souvent les émotions à un ordinateur. Votre appareil est constitué de différentes composantes (un disque dur, un écran, une imprimante) qui sont interreliées ; de la même façon, votre système émotionnel comporte différentes composantes qui interagissent et doivent travailler ensemble pour parvenir à un rendement optimal. Si les composantes ne remplissent pas leurs fonctions, le système peut sauter.

Dans le cas des émotions, les composantes sont les suivantes :

• Les pensées, ou évaluations cognitives ;

- Les changements physiologiques, ou stimulations;
- Les comportements, ou tendances à agir.

Quelle composante déclenche votre système émotionnel? Certains disent que les pensées surviennent avant les changements physiques; d'autres affirment le contraire. Beaucoup croient que le comportement précède les pensées ou les changements physiologiques. Je ne vois toutefois pas l'utilité de m'engager dans ce débat de la poule et de l'œuf. En fait, ce qu'il importe de savoir, c'est que les émotions sont produites par une interaction de ces trois composantes en réponse à un événement extérieur. **En prenant nos émotions en main, nous pouvons bien les gérer.**

À vrai dire, le système émotionnel comporte une autre composante: votre **personnalité affective**, ou contexte émotionnel, c'est-à-dire la façon dont vous avez été élevé, vos croyances, les expériences que vous avez vécues, bref, tout ce qui fait que vous êtes vous-même. Vous pouvez vous sentir déprimé à cause d'une dispute que vous avez eue avec votre conjoint avant de venir travailler; vous pouvez être passif et réprimer votre colère et autres sentiments semblables parce que, lorsque vous étiez enfant, on vous a appris à être gentil et à ne pas défier l'autorité; vous pouvez vous sentir souvent en colère contre des patrons de sexe masculin à cause des sévices que vous a fait subir votre père. La personnalité affective sous-tend les trois composantes du système émotionnel et peut influer à différents degrés sur vos réactions émotionnelles.

Bien sûr, étudier la personnalité affective dépasse les limites de ce livre. Je mentionne cet élément simplement parce qu'il peut déteindre sur une situation et avoir un effet négatif sur votre système de gestion de vos émotions. Idéalement, vous devriez comprendre votre **personnalité affective** (le sujet d'un grand nombre de livres et de sessions de thérapie), mais vous devez surtout savoir utiliser vos outils de gestion de vos émotions au travail. Vous vous occupez ensuite des manifestations — vos accès de colère contre votre patron, par exemple — et non du contexte (les abus que vous a fait subir votre père).

Voyons maintenant comment vous pouvez utiliser les trois composantes de votre système émotionnel pour bien gérer vos émotions.

2.2 Tirer avantage des pensées, des changements physiologiques et des comportements

Vous devez garder à l'esprit que ce sont vos propres pensées, vos changements physiques et vos comportements qui déterminent vos réactions émotionnelles, et non les gestes d'autrui ni un événement quelconque. Dans l'exemple du patron qui cherchait à vous humilier, ce sont vos pensées concernant l'emportement de votre patron, les battements de votre cœur et votre poing serré qui ont fait déclencher votre colère. En comprenant cela, vous reconnaissez que vous, et non ce patron désagréable ou qui que ce soit d'autre, êtes maître de votre colère et de toutes vos émotions et que, pour gérer votre colère, vous devez prendre en main les trois composantes de votre système émotionnel.

2.2.1 Prendre en main ses pensées

La remarque désobligeante de votre patron a fait naître en vous un certain nombre de pensées. «Je pourrais le tuer» en est une. «Je sais que j'ai une bonne idée» en est une autre. Nous «entendons» nos pensées en étant à l'écoute de nos dialogues intérieurs (dont nous avons parlé dans la section 1.3.1). Ces conversations intérieures, qui peuvent précéder, accompagner ou suivre nos émotions, jouent un rôle important en nous permettant de définir et de façonner nos expériences émotionnelles. Par exemple, il est facile de voir que la phrase «Je vais le tuer» peut seulement faire perdurer la colère, alors que «Je vais parler de cela à mon patron demain» peut aider à atténuer cette colère.

Nous reprenons souvent les mêmes dialogues intérieurs, puisque les situations se répètent ; nous en venons donc à engager des dialogues intérieurs destructeurs dès que survient la situation. Supposons qu'un collègue vient souvent chercher des dossiers dans votre bureau, mais ne les rapporte pas même si vous le lui avez demandé plusieurs fois. Votre dialogue intérieur pourrait ressembler à ceci: «Il est si égoïste. Il ne m'écoute jamais. Il n'est pas du tout respectueux. Je ne peux plus supporter cela.» Chaque fois que vous cherchez un dossier qu'il ne vous a pas rapporté, ce dialogue improductif surgit en vous. Votre collègue finira par capter ce malaise; il en viendra à penser que vous êtes une personne généralement de mauvaise humeur et que vous ne l'aimez pas.

Les pensées qui surgissent spontanément («Je pourrais le tuer; il est si égoïste») sont ce que nous appelons des **«pensées automatiques»**. Elles diffèrent des dialogues intérieurs dont nous avons parlé dans la conscience de soi, lesquels supposent habituellement certaines réflexions («J'ai tous les faits en main. Les éléments sont en ordre. Je vais faire une bonne présentation.») Pour gérer vos émotions, vous devez bien maîtriser ces deux types de pensées.

Être à l'écoute de ses pensées automatiques
Les pensées automatiques ont certaines caractéristiques communes:
- *Elles ont tendance à être irrationnelles.* Parce qu'elles sont spontanées, elles ne sont pas censurées. Vous pouvez penser une chose aussi terrible que «Je voudrais le tuer» même si vous n'avez jamais envisagé de tuer qui que ce soit. L'intensité de votre pensée est le reflet de l'intensité de votre colère. Parce qu'elles apparaissent inopinément, vous n'avez pas le temps de tenir compte de leur logique. Dans le cas du collègue, vous avez tendance à faire des généralisations qui ne sont pas nécessairement vraies. «Il ne m'écoute jamais» ne correspond pas à la réalité; vous avez seulement des problèmes en ce qui concerne les dossiers.
- *En général, nous y croyons.* Les pensées automatiques surgissent si rapidement que nous ne les mettons généralement pas en doute. «Il me manque toujours de respect» vous vient si souvent à l'idée que vous acceptez cela comme une vérité.
- *Elles sont souvent codées.* Les pensées automatiques sont souvent exprimées en abrégé: «Pauvre type», «Menteur», «Je suis foutu».

- *Elles tendent à engendrer d'autres pensées automatiques.* Comme vous l'avez vu dans le cas du collègue qui ne rapporte pas les dossiers, une pensée en fait naître une autre, ce qui fait persister la colère et rend plus difficile la tâche de mettre un terme à ces pensées. C'est comme un effet de dominos.
- *Elles peuvent déformer votre pensée.* Disons que votre patron vous fait venir dans son bureau pour vous parler de sa déception au sujet de la relation peu satisfaisante que dit avoir un de vos clients avec vous. Voici quelques pensées automatiques qui pourraient surgir dans votre esprit :

  « J'ai de gros problèmes. »

  « Il croit que j'ai tout gâché. »

  « Il va me congédier. »

  « Je ne pourrai pas me trouver un autre emploi. »

  « Je vais tout perdre. »

  « Ma famille va m'abandonner. »

L'émotion que vous vivez dans ce cas-ci est la peur. Mais écoutons un peu plus longuement ce que votre patron a à dire. Il semble très ennuyé. Vous croyez que sa colère est dirigée contre vous. Vous vous mettez sur la défensive. Mais la conversation se poursuit, et vous apprenez que votre prédécesseur a aussi eu des problèmes avec ce client et que votre patron est en train de perdre patience à cause du client et non à cause de vous. Parce que vous n'aviez pas suffisamment d'information, vos pensées automatiques vous ont fait sauter à des conclusions erronées.

Les situations pénibles ont tendance à déformer votre pensée, ce qui fausse votre perception de la réalité. Apprendre à éviter de déformer votre pensée peut vous aider à mieux maîtriser vos pensées automatiques et à gérer vos émotions.

CONSEILS

ÉVITEZ DE DÉFORMER VOTRE PENSÉE

Ne généralisez pas trop. Des phrases comme «Cela me prend toujours trop de temps à comprendre» ou «Il ne m'écoute jamais» surgissent dans des circonstances particulières. En généralisant, vous donnez la fausse impression qu'elles s'appliquent à tout coup. Oui, vous pouvez avoir mis un certain temps à comprendre une idée, mais, en général, vous comprenez vite. La généralisation conduit ici à un sentiment de faible estime de soi. Il est plus juste de dire «parfois» à la place de «toujours» ou de «jamais».

Évitez de cataloguer les autres de manière négative. «C'est un pauvre type.» «Il ne fait pas attention.» Encore une fois, il s'agit de situations particulières. Oui, votre patron a été injuste envers vous, mais ce n'est pas toujours le cas. Même chose dans le cas de votre collègue de travail. En cataloguant les autres de manière négative, vous donnez l'impression que la situation est irrémédiable et que vous ne pouvez rien faire pour l'améliorer.

Évitez de lire dans les pensées des autres. Nous ne connaissons pas toujours les intentions d'autrui. En pensant que votre patron va vous congédier, vous devenez anxieux pour rien. En présumant que votre collègue ne vous respecte pas, vous lisez aussi dans ses pensées. N'essayez pas de tirer des conclusions avant d'avoir toute l'information voulue. Pour l'obtenir, vous pouvez directement poser la question: «Tu sembles insatisfait de mon rendement. Est-ce bien le cas?»

N'établissez pas de règles sur la façon dont les autres devraient agir. «Mon patron aurait dû s'excuser de la façon dont il a agi avec moi au cours de la réunion.» Établir des règles sur la façon dont les autres doivent se comporter peut engendrer en vous colère et déception, car les autres agissent rarement comme nous le souhaiterions. Nous nous croyons alors victimes d'injustice. En plus, nous en venons à ne pas bien comprendre l'autre personne (comprendre les autres est essentiel au maintien de bonnes relations avec eux, comme nous le verrons dans la deuxième partie de ce livre) parce que nous voyons l'autre selon notre point de vue. En reconnaissant que tous sont différents, qu'ils ont tous leurs propres règles, et en étant souple, vous évitez automatiquement de mettre des mots comme *devrait* ou *doit* dans votre vocabulaire.

N'exagérez pas la signification d'un événement. Disons que vous ne réussissez pas à trouver une lettre que l'avocat de la partie adverse a envoyée à votre patron. Vous l'avez cherchée partout, vous êtes sûr que votre patron vous l'a remise et vous savez que vous auriez dû la photocopier immédiatement, mais vous ne l'avez pas fait. Vous pourriez vous dire: «C'est une catastrophe. Je vais perdre mon emploi. Nous allons perdre cette cause. Je ne peux le supporter.» Rien de tout cela n'est vrai, à moins, bien sûr, que vous perdiez constamment les lettres que vous confie votre patron. La situation est grave mais pas catastrophique. Vous pouvez toujours demander à l'autre avocat de vous retourner une copie de la lettre, bien que cela puisse être embarrassant pour vous. Considérer les conséquences d'un événement négatif comme une catastrophe signifie que vous l'avez exagéré. Au lieu d'être simplement inquiet, vous devenez vraiment anxieux, ce qui fausse votre pensée encore plus. Évitez d'utiliser des mots comme *catastrophe* et *désastre*, mais si vous vous entendez les dire, soyez conscient que vous exagérez l'importance de l'événement en question. Ne dites pas «Je ne peux le supporter», car, dans le fond, vous le *pouvez*.

Dans la prochaine section, nous reprenons certaines de ces situations pour voir comment un dialogue intérieur constructif annule les effets négatifs des pensées automatiques.

Créer des dialogues intérieurs constructifs

Comme nous l'avons déjà mentionné, la différence entre les pensées automatiques et les dialogues intérieurs, c'est que les premières sont spontanées et souvent improductives, alors que ces derniers sont voulus et peuvent être productifs. En évitant le plus possible d'avoir des pensées automatiques, en y mettant un terme dès qu'elles apparaissent et en apprenant comment avoir des dialogues intérieurs efficaces, vous pouvez désamorcer les effets de situations pénibles. Vous pouvez même apprendre à reprogrammer certaines pensées automatiques destructrices afin de les éliminer.

Reprenons l'exemple de votre collègue qui ne vous rapporte pas les dossiers. Voici quelques façons de maîtriser votre colère dans cette situation. Disons que vous avez déjà à l'esprit des pensées automatiques («Il ne m'écoute jamais», et ainsi de suite). D'abord, admettez votre émotion: «Je suis vraiment en colère contre Gérard.» Ensuite, reprenez votre généralisation «Il ne m'écoute jamais» pour en faire un énoncé qui s'applique seulement à la situation dont il est question: «Gérard ne rapporte pas les dossiers lorsque je le lui demande.» Vous ne pouvez pas dire qu'il ne vous écoute pas (ce serait lire dans ses pensées) parce qu'il vous écoute *peut-être*. Il ne rapporte pas les dossiers parce qu'il est occupé à autre chose et oublie, ou parce qu'il pense en avoir encore besoin et a omis de vous le mentionner.

Ensuite, reprenez la phrase «Il ne fait pas attention» pour l'adapter à la situation présente: «Gérard semble ne pas faire attention aux biens d'autrui, puisqu'il ne rapporte pas les dossiers dans mon bureau. Mais il est souvent prévenant dans d'autres situations.» Cette réflexion vous permet d'envisager une solution (si Gérard ne faisait pas du tout attention à autrui, il ne serait jamais prévenant, et cela pourrait vous mettre encore plus en colère). Admettre les qualités de Gérard vous aide à vous orienter vers une solution.

Nous avons vu comment il est improductif de dire : «Je ne peux plus supporter cela.» Un dialogue intérieur qui conviendrait mieux à la situation pourrait ressembler à ceci : «Cela s'est produit si souvent avec Gérard et ça me rend de plus en plus furieux. Je crois que je vais lui dire pendant la pause-café que c'est très ennuyeux pour moi d'avoir à courir après les dossiers quand j'en ai besoin dans mon bureau. Je vais lui demander s'il est possible de résoudre ce pro-blème. Je serais même prêt à aller moi-même chercher les dossiers s'il m'avertissait lorsqu'il en a fini.» Cette façon de procéder est un exemple de résolution de problèmes (un sujet dont nous traitons un peu plus loin). Rappelez-vous que, au lieu de vous retirer dans un coin, vous devez élaborer un plan d'action pour résoudre le pro-blème.

Le dialogue intérieur peut aussi prendre la forme de questions : «Pourquoi suis-je si furieux lorsque Gérard ne me rapporte pas les dossiers, alors que je ne le suis pas contre André qui fait souvent la même chose? Est-ce que cela me dérange vraiment de ne pas avoir les dossiers? Suis-je en colère contre Gérard parce que son espace de bureau est plus agréable que le mien?» En vous posant des questions, vous commencez à explorer ce que signifient vos émotions et à pou-voir utiliser cette information pour résoudre la situation.

Les énoncés constructifs sont aussi un autre type utile de dia-logue intérieur; ils vous servent de guides lorsque vous vivez des si-tuations stressantes sur le plan émotionnel. Les énoncés constructifs vous apportent du réconfort et vous indiquent la voie à suivre. Dans mes séminaires, j'ai constaté que les gens trouvaient très utile d'avoir à portée de la main des énoncés constructifs pour des situations qu'ils allaient fort probablement vivre.

E X E R C I C E

PRÉPAREZ DES EXEMPLES
D'ÉNONCÉS CONSTRUCTIFS

1. Supposons qu'au cours des trois prochains mois vous viviez trois situations plutôt difficiles sur le plan émotionnel. Par exemple, vous recevrez l'évaluation de votre performance, présenterez un rapport, un plan ou une idée et répondrez à un client, à un employé ou à un directeur en colère.

2. Imaginez, pour chacune des situations, les émotions qu'elles feraient probablement naître chez vous (la crainte, l'anxiété, la gêne, la colère, la honte, etc.).

3. Rédigez des énoncés constructifs qui vous aideront à gérer efficacement vos émotions dans chacune des situations.

   Les exemples ci-dessous portent sur une évaluation de votre rendement:

   «J'ai fait du bon travail.»

   «Je n'ai pas besoin d'être sur la défensive. Je serai réceptif et ouvert.»

   «Je n'étais pas complètement satisfait des résultats de (une situation quelconque), mais mon patron sait que je ne pouvais agir sur la cause du problème.»

   «En tout cas, j'ai en général travaillé très fort et obtenu de bons résultats.»

   «Je vais essayer d'apprendre de mon patron comment mieux faire les choses.»

   «Si je ne comprends pas à quoi mon patron fait allusion, je vais lui demander des exemples précis.»

   «Je vais porter attention aux propos positifs qu'il tient et pas seulement aux propos négatifs.»

Les exemples suivants se rapportent à une présentation :

« Je me suis bien préparé. »

« J'ai toutes mes notes sous la main. »

« Je sais que mon idée (ou mon plan ou mon rapport) est valable. »

« Je sais que le personnel (ou l'auditoire) va reconnaître que j'ai effectué mon travail avec minutie. »

« Je vais parler lentement et distinctement, et je vais regarder les gens. »

« Tout va bien se passer et je vais apprécier cette présentation. »

Ces exemples vous préparent à faire face à une personne en colère :

« Je vais bien écouter ce que (untel) a à dire. »

« Je ne vais pas l'interrompre. Je vais le laisser dire tout ce qu'il a à dire. »

« Je vais parler lentement et calmement. »

« Je vais admettre les préoccupations de l'autre personne. »

« Je vais poser des questions si quelque chose n'est pas clair. »

« Je vais demander à la personne comment nous pourrions résoudre le problème ensemble. »

Répétez maintenant cet exercice pour trois situations que vous serez *vraiment* appelé à vivre sous peu.

Il est facile de voir que le fait de préparer des énoncés constructifs vous donne une meilleure chance de faire face à la situation de manière intelligente. Vous pourriez ainsi mettre un terme à vos pensées automatiques négatives avant même qu'elles ne surgissent.

■ ■ ■ **L'INTELLIGENCE ÉMOTIONNELLE AU TRAVAIL**

En tant qu'agent des relations avec la presse de mon entreprise, je dois donner environ 30 conférences de presse par année. J'avais l'habitude d'être très anxieux les jours précédant ces conférences de presse. Lorsque j'ai commencé à examiner mes pensées, j'ai découvert que je croyais que je n'offrirais pas une bonne performance; je pensais ne pas savoir de quoi je parlais et être ridicule. Pas étonnant que j'aie été si anxieux!

Par la suite, dès que je sentais l'anxiété m'envahir, je prenais quelques bonnes respirations et me demandais: «Qu'est-ce que je me raconte? Pourquoi suis-je tendu?» Je découvrais que la plupart des choses auxquelles je pensais n'avaient aucun sens; jamais on ne me ridiculiserait. Quant à mes craintes de ne pas connaître suffisamment le sujet, elles m'ont amené à mieux me préparer.

Maintenant, une semaine avant chaque conférence de presse, je me répète: «Tout va bien aller. Je suis bien préparé. C'est l'occasion de renseigner la presse. J'aurai l'air compétent.» Je peux honnêtement vous dire que j'attends maintenant avec impatience les jours de conférence de presse. (Denis M., attaché de presse pour une entreprise de haute technologie) ■ ■ ■

2.2.2 Gérer les stimulations

La stimulation (ou les changements physiologiques) est la composante suivante du système émotionnel. Au chapitre 1, nous avons discuté de la façon dont les sentiments ont tendance à être associés à des sensations physiques précises: la nervosité, à un estomac noué; la colère, à des joues en feu. Nous avons examiné comment vous pouvez souvent être à l'écoute de vos sentiments en tenant compte des données sensorielles et des manifestations dans votre comportement. Dans cette section, nous examinons les changements physiologiques qui surviennent avec ces sensations, soit ce qu'on appelle aussi stimulations. Nous allons voir comment vous pouvez vous mettre à l'écoute de ces changements et les utiliser pour vous indiquer qu'il est temps de vous calmer afin de pouvoir penser et agir de manière efficace.

Reconnaître des modifications dans les stimulations

La transpiration, l'accélération du rythme cardiaque et de la fréquence respiratoire de même que l'augmentation de la pression artérielle sont des **signes de changements physiologiques**. On peut les associer à différentes émotions ; il ne s'agit pas, d'abord, de savoir lesquelles, mais d'admettre qu'un changement dans votre niveau de stimulation se produit.

Disons que vous êtes assis à votre bureau et que vous revoyez vos derniers chiffres de vente ; ceux-ci sont particulièrement bons. Vous vous sentez heureux et fier. Vous recevez alors un appel de votre patron : « Jacques, j'ai de mauvaises nouvelles. » Votre cœur se met à battre plus vite. « L'hôpital Sainte-Marie a décidé de choisir les produits Pharmacorp au lieu des nôtres. » Votre respiration s'accélère et la sueur perle sur votre front. Vous êtes passé d'un état calme à un niveau de stimulation intense. Les émotions associées à ces changements sont probablement de l'**anxiété** (lorsque votre patron vous a annoncé qu'il avait de mauvaises nouvelles) et de la **crainte** (l'hôpital Sainte-Marie est votre principal client et, sans lui, vous n'avez aucune chance d'atteindre vos objectifs de vente).

En notant tout de suite les changements physiologiques que vous éprouvez, vous vous donnez l'occasion de savoir qu'il vous faut les atténuer (nous verrons dans la prochaine section comment y parvenir). De cette façon, vous pouvez réduire l'anxiété ou la crainte et, par conséquent, les empêcher de vous accabler. Rappelez-vous qu'il est beaucoup plus facile de vous éviter de devenir anxieux ou furieux que de mettre un terme à ces émotions une fois qu'elles vous ont envahi.

En n'étant pas à l'écoute des changements dans votre niveau de stimulation, vous courez le risque d'agir de manière **impulsive**. Par exemple, lorsque votre patron vous annonce qu'il a de mauvaises nouvelles, vous lancez une exclamation que vous pourriez ensuite regretter. Exemple : « Comment ces idiots de Sainte-Marie ont-ils pu faire cela ? J'ai toujours su qu'on ne pouvait compter sur eux. » Ou, encore, vous vous dites à vous-même: «Ça y est, je vais être congédié. Je ne peux le supporter.» Toutes ces réactions impulsives peuvent avoir des conséquences fâcheuses. Vos exclamations suggèrent à votre patron que vous ne pouvez pas faire face à des situations difficiles. Qualifier les décideurs de Sainte-Marie d'idiots peut lui indiquer pourquoi l'hôpital a choisi un autre fournisseur. Les commentaires que vous vous faites à vous-même ne peuvent qu'engendrer anxiété, crainte et colère, et faire apparaître ces émotions.

E X E R C I C E

SOYEZ À L'ÉCOUTE DES CHANGEMENTS DANS VOTRE NIVEAU DE STIMULATION

1. Tous les matins pendant deux semaines, choisissez deux situations que vous serez appelé à vivre au cours de la journée (il n'est pas nécessaire que ce soit les mêmes chaque jour); l'une d'entre elles ne devrait pas avoir d'effet sur votre niveau de stimulation et l'autre devrait résulter en une augmentation marquée de celui-ci. Avant et pendant ces situations, ne consommez rien qui puisse accélérer votre rythme cardiaque (par exemple: café, boissons gazeuses contenant de la caféine, produits sucrés, cigarettes ou autres stimulants). Par ailleurs, choisissez des situations qui peuvent résulter en des réactions émotionnelles différentes pour vous familiariser avec les changements physiologiques associé à chacune.

2. Au moment où vous vivez la situation en question, portez attention à votre respiration, à votre rythme cardiaque et vérifiez si vous transpirez ou non. Il peut être très difficile de faire cela dans des moments de grande tension parce que vous vous concentrez sur la situation elle-même, mais cet effort vaut le coup.

3. Immédiatement après chaque situation, notez ce que vous avez remarqué quant à votre rythme cardiaque, à votre fréquence respiratoire et à la présence ou non de transpiration. Voici des exemples :

SITUATION	RYTHME CARDIAQUE	FRÉQUENCE RESPIRATOIRE	TRANSPIRATION
Préparer des factures	lent	lente et régulière	aucune
Parler dans une réunion	rapide	rapide et irrégulière	sueur sur le front

Parce que le niveau de stimulation peut varier de façon très marquée et passer, sur le plan émotionnel, d'un état neutre (comme lorsque vous préparez des factures) à un état actif (comme lorsque vous parlez dans une réunion), dès la fin de la première semaine, vous deviendrez un expert dans l'art de vous mettre instantanément à l'écoute des changements dans votre niveau de stimulation. Lorsque vous aurez réussi cela, vous serez prêt à apprendre comment diminuer votre stimulation.

Utiliser la relaxation pour diminuer la stimulation

La relaxation est le meilleur moyen de diminuer votre niveau de stimulation. Lorsque vous vous détendez, vous ralentissez votre respiration et votre rythme cardiaque et ramenez ainsi votre corps dans son état normal. Votre réaction émotionnelle est par conséquent ralentie, ce qui vous donne le temps de déterminer les meilleurs gestes à faire.

Il existe de nombreuses techniques de relaxation — méditation, yoga, autohypnose, rétroaction biologique (bio-feed-back) — répondant aux besoins de chacun. Nous vous présentons ici la **réponse de relaxation conditionnée**, une technique que vous pouvez apprendre sans lire un autre livre ni suivre un cours.

La réponse de relaxation conditionnée vise d'abord à vous faire associer la relaxation à des images et à des pensées. Puis, lorsque vous vivez une situation pénible, vous allez chercher ces images et ces pensées pour vous relaxer. **Vous en venez rapidement à associer**

**les situations pénibles aux images et aux pensées qui vous cal-
ment.** À la longue, aux premiers signes d'une situation pénible surgissent ces images et ces pensées, et vous vous détendez. Ainsi, la
période de trouble émotionnel est considérablement réduite. Voici
comment faire.

E X E R C I C E

APPRENEZ LA RÉPONSE
DE RELAXATION CONDITIONNÉE

1. *Choisissez un endroit calme où vous ne serez ni dérangé ni distrait.*
   De cette façon, vous évitez que des stimuli ou des événements
   (bruit dans le corridor, sonnerie du téléphone) ne vous
   dérangent lorsque vous vous concentrez sur des images et des
   pensées qui vous calment.

2. *Mettez-vous à l'aise.* Si vous avez une crampe dans la jambe ou
   mal au dos, cela jouera sur votre capacité à vous concentrer ;
   trouvez donc une position que vous pouvez garder tout au
   long de l'exercice. Vous pouvez vous allonger sur votre lit ou
   vous asseoir dans un fauteuil. Il s'agit de réduire la tension mus-
   culaire.

3. *Mettez-vous dans un état passif.* La passivité est sans doute
   l'aspect le plus important de la réponse de relaxation conditionnée parce que, lorsque vous êtes passif, vous ne vous faites
   aucun souci. Vous laissez les choses aller. Vous vous détendez.
   Pour ce faire, vous pourriez engager un dialogue intérieur
   comme celui-ci : « Même si quelque chose me distrait, ça va ; ça
   signifie seulement que je dois apprendre à mieux mettre les
   distractions de côté. Même si cet exercice semble difficile à
   faire, ça va ; ça signifie seulement que je dois m'y exercer davantage. Peu importe ce qui arrive lorsque j'effectue cet exercice,
   ça va ; je le laisse arriver. »

4. *Choisissez un concept qui vous calme et répétez-le-vous sans relâche.* Ce peut être une image (un lac tranquille), un mot (paix), un son (chut), une phrase (je me repose). Puis, imaginez cette image ou répétez ce son ou ces mots. Votre esprit peut ainsi se concentrer sur ce qui se passe à l'intérieur de vous et non à l'extérieur, afin de vous éloigner de ce qui pourrait vous distraire. Prenez 20 minutes chaque jour pour faire cet exercice en vous concentrant sur l'image ou le son que vous avez choisi. À la longue, quelqu'un pourrait crier dans la rue et vous ne l'entendriez pas parce que vous seriez concentré sur l'image du lac tranquille ou du son «chut». En faisant cet exercice 20 minutes par jour, les gens apprennent à développer une réponse de relaxation conditionnée en 10 à 14 jours.

Lorsque vous avez appris à vous relaxer à volonté, vous pouvez utiliser la réponse de relaxation pour court-circuiter tout changement dans votre niveau de stimulation.

Reprogrammer votre stimulation permet de vous calmer pour pouvoir penser et agir efficacement. Voyons maintenant comment parvenir au même but en étant maître de votre comportement.

2.2.3 Être maître de ses modèles de comportement

Les modèles de comportement sont des gestes que vous avez tendance à répéter en réponse à une situation précise. Par exemple, crier lorsque vous êtes en colère, tapoter votre crayon sur le bureau lorsque vous êtes anxieux, sourire lorsque vous êtes heureux. Les comportements sont étroitement liés à nos émotions tout comme le sont les changements physiologiques. Pour gérer nos émotions, nous devons donc être maîtres de nos comportements et, pour ce faire, nous devons d'abord les reconnaître.

Apprendre à reconnaître ses comportements

Certains comportements sont généralement associés à des émotions précises. Par exemple, aborder les gens lorsque vous êtes enthousiaste, rester à ne rien faire lorsque vous êtes découragé et ne pas tenir en place lorsque vous êtes nerveux. Comme nous l'avons vu dans le cas des changements physiologiques, si vous ne maîtrisez pas vos comportements, vous laissez l'émotion perdurer. Si vous ne vous relaxez pas pour diminuer votre rythme cardiaque ou ralentir votre fréquence respiratoire, votre colère se poursuit. Même chose avec les comportements : si vous n'arrêtez pas de tapoter votre crayon, vous ne pouvez diminuer votre anxiété.

La plupart du temps, nous ne remarquons pas nos propres comportements. Nous élevons la voix depuis si longtemps que nous ne nous en rendons même plus compte. L'exercice suivant vous aidera à observer vos comportements.

EXERCICE

APPRENEZ À RECONNAÎTRE VOS COMPORTEMENTS

1. *Dans un cahier, dressez une liste d'émotions que vous êtes appelé à vivre au travail.* Voici quelques exemples :
Colère
Joie
Anxiété
Satisfaction
Découragement
Enthousiasme
Crainte
Confiance
Tristesse
Frustration

2. *Pendant deux semaines, surveillez chacune des émotions que vous avez notées et voyez à quelles tendances de comportement elles correspondent.* Disons que vous craignez que l'ingénieur en chef vous envoie vous occuper d'un autre chantier. Vous évitez alors de passer devant son bureau, vous vous assoyez le plus

loin possible de lui à la cafétéria et vous n'assistez pas à une réunion à laquelle il doit être présent. Voici un autre exemple : vous venez d'obtenir le feu vert pour un projet et vous vous sentez sûr de vous. Vous vous en vantez à vos collègues.

3. *Essayez de trouver les tendances qui reviennent.* Reprenons l'exemple de la mutation possible. Vous craignez d'être muté à un autre chantier, mais vous avez aussi peur qu'un collègue dise à votre patron que, la semaine dernière, vous êtes en fait allé voir un film et non chez le dentiste comme vous l'aviez mentionné. Vous vous arrangez donc pour éviter votre patron ou votre collègue à tout prix. En examinant votre façon de vous comporter dans cet exemple, vous vous rendez sans doute compte que, lorsque vous avez peur, vous évitez les gens liés à ce sentiment. (Nous verrons dans la prochaine section comment vous pouvez utiliser cette information.)

4. *Demandez l'avis des autres.* Si vous vous sentez à l'aise, vous pourriez demander à un collègue qui vous connaît bien et vous respecte, ou à un adjoint (mais sans doute pas à votre patron), de vous dire comment vous réagissez lorsque vous êtes en colère, anxieux ou découragé. Votre collègue pourrait vous mentionner qu'il a remarqué que, lorsque vous êtes frustré parce que les choses n'avancent pas dans les réunions, vous avez tendance à être sarcastique et à faire des commentaires du genre : « Tu vas sans doute gagner un premier prix avec cette suggestion ! »

Après deux semaines, vous devriez avoir un assez bon portrait de la façon dont vous vous comportez lorsque vous vivez différentes émotions. Voyons maintenant comment vous pouvez utiliser cette information à votre avantage.

Écarter les comportements improductifs

Comme vous pouvez sans doute vous en rendre compte à partir des exemples que nous venons de mentionner, être sarcastique, éviter les autres et se vanter sont des comportements improductifs. Le sarcasme vous aliène les gens contre qui il est dirigé, le fait d'éviter votre patron ou un collègue leur fait croire que vous êtes mal élevé et la vantardise enlève à vos collègues le goût de vous parler. Voici certains moyens d'empêcher ces comportements de vous nuire.

CONSEILS

DOMINEZ VOS COMPORTEMENTS

1. *Prenez de grandes respirations.* Cela peut vous sembler inutile si vous vivez une émotion aussi intense que la colère, mais respirer profondément vous aide de plusieurs façons. D'abord, cela vous empêche de faire quoi que ce soit d'autre. Ensuite, cela vous indique de prêter attention, de rester maître de vous ou de mettre un terme à ce que vous faites. Enfin, respirer profondément a pour effet de vous calmer.

2. *Engagez un dialogue intérieur constructif.* Vous pouvez ainsi préciser ce qui se passe, vous reconcentrer sur votre comportement et le modifier. Disons que vous avez reconnu que vous craignez d'être envoyé à un autre chantier. Vous vous êtes rendu compte que vous évitiez votre patron. Voici un exemple de dialogue constructif pour cette situation:

   Voix n° 1: J'ai peur d'être envoyé à un autre chantier et j'évite l'ingénieur en chef.

   Voix n° 2: Est-ce que ce comportement a quelque chose de positif?

   Voix n° 1: Eh bien, en ne lui parlant pas, je retarde la mauvaise nouvelle. Par ailleurs, je ne serai peut-être pas muté, ce qui serait une bonne nouvelle. En tout cas, je ne fais que prolonger et intensifier ma crainte.

   Voix n° 2: L'ingénieur en chef doit penser que je ne l'aime pas, ou que je ne veux rien savoir de lui, ou que je suis un peu bizarre.

   Voix n° 1: Je perds beaucoup de temps à ce jeu du chat et de la souris.

Voix n° 2 : Qu'est-ce qui serait avantageux pour moi dans ce cas-là ?

Vous pourriez décider de demander à l'ingénieur en chef de le rencontrer pendant quelques minutes. Vous lui mentionneriez alors avoir entendu dire que vous seriez envoyé à un autre chantier et que vous vous demandiez si cette rumeur était fondée. Vous en venez alors à la résolution de problèmes, le prochain point dont nous allons parler.

2.3 Apprendre à bien résoudre les problèmes

Les habiletés en résolution de problèmes sont à la base d'une gestion efficace : trouver la meilleure méthode pour amener les employés à travailler ensemble, imaginer comment faire accepter au personnel un nouveau projet, etc. Ces habiletés sont tout aussi importantes, qu'il s'agisse de diriger des employés ou de gérer ses émotions.

En général, une situation problématique provoque une émotion pénible : la lettre d'avocat égarée, la mutation possible, le collègue qui ne rapporte pas les dossiers. Bien gérer les problèmes signifie que vous devez développer de solides compétences en résolution de problèmes afin de trouver la meilleure solution possible. Mais avant d'étudier comment vous pouvez développer ces compétences, vous devez comprendre la nature des problèmes.

Si vous voyez la vie comme une série de situations auxquelles il faut réagir, alors aucune situation n'est, en soi, un problème. C'est l'inefficacité de votre réaction qui la rend problématique. Reprenons l'exemple de la lettre d'avocat égarée. Vous la cherchez dans votre bureau, dans votre porte-documents, près du photocopieur, mais ne pouvez la trouver. Ce n'est pas la lettre perdue qui est le problème (parce que si vous la trouviez, il n'y aurait pas de problème), c'est plutôt votre incapacité à la trouver. Votre réaction inefficace à la situation de la lettre égarée est la cause du problème.

Ce n'est pas une question de sémantique. Voir les problèmes de cette façon vous permet d'abord de vous rendre compte qu'ils font partie de la vie. Après tout, nous ne pouvons pas toujours choisir le moyen le plus efficace de faire face à une situation donnée ; nous créons donc les problèmes. Ensuite, si votre première façon de réagir à une situation ne fonctionne pas — vous ne trouvez pas la lettre —, vous avez toujours la possibilité de choisir une autre réponse (demander à quelqu'un de vous aider à trouver la lettre, ou appeler l'avocat pour qu'il vous envoie une autre copie de la lettre).

Lorsque vous aurez accepté le fait que les problèmes font partie de la vie, vous ne vous direz plus que quelque chose ne va pas parce que vous avez des problèmes. En outre, vous ne refuserez plus d'admettre qu'ils existent. Nous avons tendance à nier les problèmes parce qu'habituellement ils nous contrarient, mais les nier ne les fait pas disparaître. Trouver la meilleure façon de résoudre la situation qui est à la source du problème permet d'éliminer celui-ci ; c'est ça la résolution de problèmes. Les sections suivantes vous expliquent comment développer de solides compétences de résolution de problèmes.

2.3.1 Définir la situation problématique

Lorsque vous posez un problème de manière précise et concrète, vous vous concentrerez sur lui et vous vous forcez à voir ce qui est pertinent et ce qui ne l'est pas. Disons que vous énoncez la situation problématique de la façon suivante : «Mon travail me rend fou.» Cet énoncé abstrait ne vous donne aucun indice sur ce qui vous ennuie et pourquoi, et sur les personnes impliquées. La solution vous échappe donc. La manière intelligente sur le plan émotionnel de préciser la situation problématique est de **définir les irritants**. Vous vous demandez : qui, quoi, où, comment et pourquoi ? Les réponses suivantes peuvent vous aider à comprendre pourquoi votre travail vous rend fou : «J'ai trop de travail à faire. Mon patron est dépassé par les événements et n'a pas de temps à me consacrer. Mes collègues ne semblent pas savoir ce qu'ils devraient faire ; ils ne font donc pas grand-chose. Je suis toujours frustré et fatigué.» Lorsque vous avez défini clairement la situation problématique, vous pouvez la voir **de façon différente**.

2.3.2 Modifier sa perception de la situation

Une des difficultés en ce qui concerne les situations problématiques, c'est que nous avons tendance à en avoir une vision étroite. Nous sommes pris dans notre façon habituelle de voir les choses et nous ne pouvons trouver de solution. En reprogrammant nos pensées en fonction d'une situation donnée, nous en arrivons à des solutions nouvelles et utiles. Voici quelques exemples :

→ Le vrai problème n'est pas qui est impliqué ; le vrai problème est **comment je réagis**.

→ Le vrai problème n'est pas ce qui est fait ; le vrai problème est **ce que je ressens**.

→ Le vrai problème n'est pas comment cela arrive ; le vrai problème est **quand je dois y faire face**.

→ Le vrai problème n'est pas pourquoi cela arrive ; le vrai problème est **pourquoi je réagis de cette façon**.

Voici quelques façons de reprogrammer vos pensées dans le cas du travail harassant :

→ Le vrai problème n'est pas mon patron ni mes collègues, mais le fait que **je ne leur parle jamais des difficultés que j'éprouve**.

→ Le vrai problème n'est pas que mon patron me donne de plus en plus de travail, mais que **je n'ai pas réussi à trouver d'aide pour le faire**.

→ Le vrai problème n'est pas que mon travail est déplaisant, mais qu'**il me rend frustré, fatigué, furieux et déprimé**.

→ Le vrai problème n'est pas que je suis dépassé par mon travail, mais que **je n'ai pas encore trouvé de moyen efficace pour faire face à la situation**.

Comme vous le voyez, reprogrammer vos pensées concernant une situation problématique vous permet d'examiner la situation d'un œil nouveau. Vous vous rendez ainsi compte que vous êtes non pas coincé dans une ornière, mais en train de faire face à une situation stimulante à laquelle vous allez bientôt trouver une réponse qui convient. Pour y arriver, vous devez examiner un grand nombre de choix.

2.3.3 Inventer des solutions de rechange

Vous devez avoir comme objectif de trouver une demi-douzaine de stratégies différentes ; de cette façon, vous avez plus de chances de trouver la solution la plus efficace. Le remue-méninges est une des méthodes les plus utiles pour en arriver à un certain nombre de solutions créatives. Dans un remue-méninges, vous laissez sortir vos idées dès qu'elles vous viennent à l'esprit. Vous les lancez telles quelles, sans les censurer. Voici comment procéder pour que votre session de remue-méninges soit productive.

FAITES DE VOTRE REMUE-MÉNINGES UNE RÉUSSITE

1. *Ne portez pas de jugement tout de suite.* Ne commencez pas à critiquer vos idées pendant la session de remue-méninges, car vous vous empêcheriez d'en avoir d'autres. Écrivez simplement les idées dès qu'elles vous viennent à l'esprit et attendez pour juger de leur valeur à l'étape de la prise de décision.
2. *Encouragez les pensées spontanées.* Plus l'idée semble farfelue, mieux c'est, parce que de cette façon vous vous ouvrez l'esprit à toutes sortes de solutions imaginatives. En outre, il est plus facile d'apprivoiser une idée extravagante que de trouver une solution créative à partir d'une idée insignifiante.
3. *Recueillez le plus d'idées possible.* Vous en viendrez ainsi à plus de solutions. Et plus vous proposez d'idées, plus vous en trouverez de nouvelles.
4. *Ne vous occupez pas tout de suite des détails.* Notez simplement vos idées dans les grandes lignes ; vous verrez aux détails lorsque vous aurez terminé votre liste. Préciser les détails entrave votre remue-méninges.

5. *Utilisez vos idées pour en déclencher d'autres.* Regroupez-les, ajoutez-en, lancez des idées opposées : faites tout pour en avoir le plus possible.

2.3.4 Examiner différents choix

Voici quelques idées que vous auriez pu avoir au cours d'un remue-méninges portant sur votre travail que vous trouvez harassant :

→ Trouver un autre travail ;
→ Prendre une journée de maladie par semaine ;
→ Trouver du temps pour me détendre ;
→ Ne pas travailler la fin de semaine ;
→ Donner à mon patron un cours de compétence en gestion ;
→ Suivre un cours de gestion du temps ;
→ Suggérer à mon patron de se tenir au courant du nombre d'heures que consacre chacun des employés à un projet donné ;
→ Mener un soulèvement et prendre la tête du service ;
→ Discuter avec le personnel de l'idée de congédier les employés inutiles ;
→ Décomposer mon travail en tâches précises et demander à mon patron si d'autres employés peuvent en accomplir une partie.

Bien sûr, certaines de ces idées sont totalement irréalisables. Cependant, vous pouvez voir qu'elles mènent à d'autres idées tout à fait raisonnables. Il n'est pas possible de prendre une journée de maladie par semaine, mais cela vous conduit à l'idée de prendre du temps pour vous détendre, puis à celle de ne pas travailler la fin de semaine.

Examinez chacune des idées et déterminez avec soin les conséquences de leur mise en place. Prenez, par exemple, l'idée de donner à votre patron un cours sur la compétence en gestion. Ce n'est pas une bonne idée parce que votre patron verrait en vous quelqu'un d'impertinent et d'arrogant, ou qui cherche à obtenir son poste. Mais cette idée fait naître celle de suivre un cours de gestion du temps, laquelle est sensée. Imaginez que vous demandiez à votre patron si l'entreprise serait prête à payer un cours de gestion du temps que vous voulez suivre parce que vous pensez que cela vous aiderait à mieux venir à bout de la quantité considérable de travail que vous avez à faire. Vous pouvez même imaginer votre patron en train de suivre ce cours avec vous (vous pourriez lui laisser croire que l'idée vient de lui) ou du moins partager avec lui certaines des choses que vous auriez apprises, lesquelles l'aideraient en fin de compte à devenir un meilleur gestionnaire.

2.3.5 Définir les meilleures stratégies

Éliminez les idées qui semblent irréalisables et regroupez-en d'autres si cela peut vous sembler utile. Dressez ensuite la liste des **trois meilleures stratégies**. Sous chacune, énumérez le plus de conséquences positives et négatives. Voici quelques questions qui peuvent vous aider :

➜ De quelle façon cette stratégie influerait-elle sur ce dont j'ai besoin, ce que je veux et ce que je ressens ?

➜ De quelle façon toucherait-elle mes collègues ?

➜ De quelle façon toucherait-elle les personnes importantes dans ma vie ?

➜ Quelles sont ses conséquences à court terme ? à long terme ?

Prenons certaines de ces questions pour déterminer les avantages et les inconvénients de la stratégie de ne pas travailler la fin de semaine. Voici quelques réponses que vous pourriez trouver :

➜ J'aurai ainsi du temps pour me détendre et être avec ma famille.

➜ Je devrai probablement travailler tard certains soirs de la semaine pour réussir à faire tout mon travail.

➜ Je me sentirai ainsi moins déprimé, moins en colère et moins anxieux.

➜ Puisque je devrai travailler tard plusieurs soirs, les autres employés et mon patron verront en moi une personne zélée, et cela les amènera peut-être à en faire plus.

➜ Je manquerai aux membres de ma famille la semaine, mais ils sauront que je serai avec eux le samedi et le dimanche.

➜ Comme mon patron verra que je ne travaille plus la fin de semaine, il ne me demandera plus de participer aux salons professionnels qui ont lieu trois fins de semaine par année et auxquels j'aime assister.

Les avantages semblent dépasser largement les inconvénients ; ce serait donc une bonne stratégie à mettre en place. Déterminez aussi les avantages et les inconvénients des deux autres stratégies que vous croyez utiles (suivre un cours de gestion du temps et confier à d'autres membres du personnel des tâches que vous accomplissez habituellement).

2.3.6 Évaluer les résultats

Vous avez maintenant trois stratégies qui vous permettent de régler la situation du travail harassant. Vos compétences en résolution de problèmes vous donnent la possibilité de parvenir à une nouvelle réponse pour une situation irritante et pénible. Mais la résolution de problèmes ne s'arrête pas ici ; vous devez accomplir l'étape finale, qui consiste à évaluer les résultats pour vérifier si vous devez raffiner ou modifier vos stratégies. Les questions suivantes pourront vous servir :

➜ Les choses arrivent-elles comme je le pensais ?
➜ Les résultats répondent-ils à mes objectifs ?
➜ Cette solution est-elle meilleure que la précédente ?

Disons que vous avez pris du retard dans votre travail parce que vous ne travaillez plus la fin de semaine, tellement de retard que vous recommencez à venir au bureau le samedi. Cela provoque des conflits avec votre famille et vous enlève la période de repos dont vous avez besoin. Vous devrez peut-être alors **reprendre le processus de résolution de problèmes pour trouver une autre solution** : parler à votre patron afin d'obtenir encore plus d'aide des autres employés du service ; vérifier s'il y a moyen de réduire certaines tâches, et ainsi de suite.

2.4 D'autres techniques pour gérer ses émotions

Nous avons appris à être maîtres de chacune des trois composantes de notre système émotionnel et avons vu le rôle de la résolution de problèmes. Voyons maintenant trois autres techniques que vous pouvez utiliser pour gérer vos émotions, soit faire preuve d'humour, réorienter votre énergie émotionnelle et prendre un temps d'arrêt.»

2.4.1 Faire preuve d'humour

Vous connaissez l'adage qui dit que l'humour est le meilleur des remèdes. Vous avez sans doute fait l'expérience des effets bénéfiques de l'humour sur des émotions négatives comme la colère, le découragement, la tristesse et l'anxiété. Eh bien, il existe une explication scientifique à ce phénomène. Le rire, qui est un sous-produit de l'humour, stimule la libération de substances protéiques appelées endorphines. L'augmentation du niveau d'endorphines dans le cerveau fait diminuer la perception de la douleur, qu'elle soit physique ou émotionnelle. En fait, le rire amène le corps à produire ses propres analgésiques.

Il existe bien sûr un autre avantage au rire : il sert de distraction, nous éloignant, ne serait-ce qu'un instant, de l'émotion pénible que nous vivons. Il est assez difficile de vous laisser décourager par un travail harassant dès que vous vous mettez à rire. Ce moment de répit vous permet de réévaluer la situation, de devenir maître de votre comportement, et ainsi de suite.

2.4.2 Réorienter son énergie émotionnelle

Lorsque vous vivez une émotion intense, vous y consacrez toute votre énergie. Vous tendez vos muscles et bougez votre corps davantage. Votre système respiratoire et votre système circulatoire s'accélèrent. Votre esprit fonctionne plus vite à cause de vos pensées automatiques. J'ai découvert que ce qui fonctionne bien dans ces cas-là, c'est de réorienter cette énergie dans une activité qui n'a rien à voir avec la situation en question.

Supposons que vous êtes très anxieux à cause de l'évaluation de votre performance, qui doit avoir lieu plus tard dans la journée. Vous montrez des signes d'impatience et faites les cent pas, en pensant : «Il va me donner une très mauvaise évaluation. Je vais être congédié.» Au lieu de continuer à bouger, à arpenter la pièce et à entretenir des pensées déplaisantes, qui ne font qu'entretenir votre anxiété, entreprenez une tâche simple, qui vous tient occupé. Vous oubliez ainsi votre anxiété et parvenez à un sentiment d'accomplissement en réalisant quelque chose d'utile.

Je trouve très pratique de dresser une liste de certaines de ces tâches (classement, commande de fournitures, époussetage, mise à jour de mes notes, ménage de mon bureau) et de la sortir lorsque j'ai besoin de faire un travail qui me distrait. Savoir qu'il y a des choses constructives à faire lorsque vous êtes furieux ou anxieux est un bon moyen de ne pas vous sentir paralysé par ces émotions.

2.4.3 Prendre un temps d'arrêt

Tout comme les techniques de relaxation peuvent réduire votre niveau de stimulation, le fait de prendre un temps d'arrêt lorsque vous vivez une situation difficile sur le plan émotionnel peut diminuer vos réactions émotionnelles. Le temps d'arrêt peut être **très court** : vous prenez trois grandes respirations avant de répondre à votre patron furieux. Un bref temps d'arrêt vous empêche de dire quelque chose que vous pourriez ensuite regretter. Respirer profondément est la **première forme de temps d'arrêt** que vous devriez utiliser.

Certaines situations peuvent être si intenses, si pénibles et si explosives que la seule façon de préserver votre dignité (et peut-être même votre emploi) est de **vous retirer complètement**. Rappelez-vous l'exemple du patron qui vous humilie au cours d'une réunion. Même s'il peut être difficile de quitter la réunion pour un long temps d'arrêt (plus de cinq minutes), vous pourriez sortir pour aller aux toilettes et vous asperger un peu d'eau dans le cou ou sur les poignets pour vous calmer.

Supposons qu'un collègue vous accoste dans le corridor et se fâche contre vous pour avoir sapé sa position auprès de votre chef de service. Vous pourriez dire : « Ce que tu me dis est très important et je veux en parler avec toi, mais laisse-moi aller demander à mon adjoint de prendre mes appels. » Vous disposez ainsi de quelques minutes pour vous calmer et rassembler vos idées.

La colère est sans doute la plus explosive de toutes les émotions, puisqu'elle est en général dirigée vers une autre personne. Dans un tel cas, vous pourriez avoir besoin d'un temps d'arrêt d'une heure ou plus pour reprendre vos sens et bien résoudre la situation. Voici quelques façons de désamorcer votre colère.

GÉREZ VOTRE COLÈRE

1. *Communiquez votre colère.* Faites savoir à la personne avec qui vous avez un échange houleux que vous êtes en colère ou tendu. Vous pourriez dire: «Je commence à me sentir très en colère.»

2. *Indiquez que vous souhaitez vous retirer temporairement.* Vous pourriez dire: «Je veux arrêter d'argumenter pendant quelques instants pour pouvoir penser plus clairement. J'aimerais te reparler dans une heure pour que nous puissions régler cette affaire.» Donnez une limite au temps d'arrêt, probablement pas plus d'une heure, sinon il est trop tentant de remettre le problème indéfiniment en espérant qu'il se résoudra de lui-même, ce qui ne sera pas le cas. En outre, vous ne voulez pas mettre l'autre personne dans une situation injustement désavantageuse pour elle en décidant du moment où vous reprendrez la conversation.

3. *Retirez-vous immédiatement.* Une fois seul, prenez de grandes respirations ou formulez des énoncés constructifs.

4. *Utilisez ce temps d'arrêt à bon escient.* Accomplissez des tâches qui vous tiendront occupé, comme nous l'avons mentionné précédemment. La relaxation vous aidera aussi à vous calmer.

Dans la deuxième partie de ce livre, nous verrons comment utiliser votre intelligence émotionnelle lorsque vous traitez avec les autres. Puis, nous verrons de manière plus détaillée comment vous et l'autre personne pouvez procéder pour résoudre la situation. Jusqu'à présent, les conseils que je vous ai donnés suffisent pour vous aider à vous calmer lorsque vous êtes très tendu, ce qui, bien sûr, est votre objectif pour gérer vos émotions.

2.5 Gérer aussi les émotions positives

Bien que ce chapitre ait surtout porté sur ce que nous pouvons appeler les émotions négatives — la colère, l'anxiété, la crainte, le découragement, la frustration, etc. —, il faut aussi pouvoir gérer des émotions positives, comme la joie, la satisfaction et la confiance.

Par exemple, aussi agréable que ce sentiment puisse paraître, l'enthousiasme peut parfois mener à des gestes impulsifs. Pensez à un projet qu'on vous a présenté au cours d'une réunion ; vous le trouvez tellement passionnant que vous proposez de vous en occuper, même si vous en avez déjà plus qu'assez à faire. Pensez aussi à la joie que vous avez ressentie lorsque vous avez obtenu une promotion dont vous vous êtes vanté devant vos collègues, promotion qu'un d'entre eux n'a pas obtenue.

Vous vous rendez facilement compte que les techniques de gestion des émotions peuvent vous aider à composer plus efficacement avec ces situations. Vous pourriez prendre quelques bonnes respirations et engager un dialogue intérieur : « Calme-toi. Ne fais rien d'irréfléchi. C'est une idée sensationnelle. Je voudrais bien m'en occuper, mais j'ai déjà trop de choses à faire. » Ou encore « Calme-toi. Reprends tes esprits. Cette promotion est une excellente nouvelle. J'ai hâte de l'annoncer aux autres. » Vous pourriez ensuite faire un peu de résolution de problèmes : « Ce nouveau projet serait une réussite dont je pourrais être fier, mais il exigerait trop de temps et nuirait à mes autres projets. Je ne vais pas proposer de m'en occuper. Mais s'il n'est pas réalisé lorsque je me serai débarrassé de certaines choses dont je dois m'occuper, je verrai ce que je peux faire. » Ou encore : « Si je me vante de ma promotion, les autres croiront que je me montre insensible à Claude, qui ne l'a pas obtenue. Ils pourront aussi croire que je vais m'enfler la tête. Je vais laisser le chef du service annoncer aux autres ma promotion.»

Vous ne serez sans doute pas surpris d'apprendre que, dans mes séminaires, je ne me fais jamais demander comment gérer la joie et la confiance. Toutefois, j'espère qu'à partir de ces exemples vous verrez l'utilité d'appliquer les techniques que vous avez apprises pour gérer aussi bien des émotions positives que des émotions négatives.

2.6 Réunir tous les outils de gestion des émotions

Dans ce chapitre, nous avons étudié les trois composantes du système émotionnel: les pensées, les changements physiologiques et les comportements. Nous avons également vu qu'il fallait en être **maîtres** pour gérer efficacement nos émotions. Nous avons expliqué comment ces composantes interagissent : les pensées constructives peuvent vous aider à ralentir vos changements physiologiques et à modifier vos comportements; la diminution du niveau de stimulation peut vous aider à être maître de vos pensées et de vos comportements; des réactions productives, comme le fait de respirer profondément, peuvent vous aider à écarter des pensées automatiques destructrices et à revenir à un niveau de stimulation acceptable. Nous avons aussi appris certaines méthodes tout à fait utiles pour gérer nos émotions, comme des techniques de relaxation, les dialogues intérieurs constructifs, le temps d'arrêt et la résolution de problèmes.

Comme je l'ai mentionné dans l'introduction, l'intelligence émotionnelle est l'habileté à utiliser volontairement vos émotions à votre avantage. Dans ce chapitre, nous avons démontré que la gestion des émotions est un élément clé. Au chapitre 3, nous verrons un autre ingrédient important de l'intelligence émotionnelle: **la motivation.** Gérer vos émotions vous permet d'en être maître et la motivation vous aide à aller *derrière* vos émotions et à les utiliser pour pouvoir rester concentré, inspiré, et poursuivre ce que vous avez à faire. La motivation personnelle fait appel à bon nombre d'habiletés que vous avez déjà développées, comme reconnaître différentes émotions, engager des dialogues intérieurs constructifs et utiliser la stimulation et les comportements. Lorsque vous maîtrisez ces habiletés, vous êtes prêt à poursuivre votre route.

SE MOTIVER

Nous avons tous vu des douzaines d'offres d'emploi mentionnant la **motivation** comme une des qualités recherchées chez le candidat. L'annonce peut indiquer «Doit avoir de l'initiative» ou «Doit être capable de travailler sans supervision». Cela signifie que la personne doit pouvoir accepter un travail, s'y concentrer, le faire progresser et régler tout pépin qui pourrait survenir en cours de route. On peut facilement voir pourquoi la motivation est une qualité aussi souhaitable au travail : la personne qui a le sens de l'initiative a peu besoin d'être dirigée, est rarement inactive et a de fortes chances d'être productive et créative.

3.1 La motivation est essentielle à l'exécution complète d'un travail

En théorie, la motivation permet d'orienter son énergie dans une direction précise pour atteindre un but précis. Dans le contexte de l'intelligence émotionnelle, c'est le **système émotionnel** qui déclenche tout le processus et le fait fonctionner. Supposons que vous avez un rapport à rédiger et que vous avez de la difficulté à vous y mettre. Vous décidez d'appeler votre mère pour bavarder, allez à la cafétéria prendre votre sixième tasse de café et époussetez votre ordinateur alors que vous l'avez fait la veille.

Comme vous êtes une personne intelligente sur le plan émotionnel, vous reconnaissez alors que vous manquez de motivation. Vous formulez donc des énoncés constructifs pour vous motiver : «J'ai déjà rédigé plein de rapports. Je peux faire cela les yeux fermés. Je sais comment m'y prendre.» Vous vous rendez sans tarder à la salle du courrier — même si vous n'avez pas besoin d'y aller — expressément pour vous donner de l'énergie. Vous vous fixez quelques tâches reliées au rapport, comme de rassembler vos notes et de la documentation. Si vous manquez encore de motivation, vous appelez un collègue qui peut vous apporter son soutien, en apparence pour obtenir son avis, mais en réalité pour vous aider à vous remettre sur la bonne voie. Vous appelez même à la rescousse votre source d'inspiration en la matière (Simonne Monet-Chartrand, Jeanne Sauvé, Mère Teresa s'il le faut!). Vous regardez dans votre bureau les objets que vous y avez placés pour vous motiver. En peu de temps, vous sentez revenir votre confiance et votre enthousiasme. Vous pouvez vous asseoir devant votre ordinateur tout propre et commencer à écrire. Et de cette façon, vos doigts ne semblent plus vouloir s'arrêter.

Dans ce chapitre, nous étudierons les quatre sources desquelles vous pouvez tirer votre motivation : vous-même, des parents, amis ou collègues qui peuvent vous apporter leur soutien, une source d'inspiration et votre environnement. Puisque nous devons parfois faire face à des situations qui ont tendance à nous démotiver complètement, comme l'annulation d'un projet, la perte d'une promotion ou d'un emploi, nous verrons aussi comment affronter les échecs et reprendre le dessus.

La manière dont les gens utilisent les sources de motivation et font face aux revers varie d'une personne à l'autre, mais les éléments de motivation sont les mêmes pour tous : **confiance**, **optimisme**, **ténacité**, **enthousiasme** et **détermination**. La confiance nous permet de croire que nous avons les compétences pour accomplir une tâche; l'optimisme nous donne l'espoir que les résultats seront positifs; la ténacité nous aide à nous concentrer sur la tâche; l'enthousiasme nous permet d'avoir du plaisir tout au long du processus; la détermination nous donne la force de tout recommencer. Dans ce chapitre, nous verrons comment les quatre sources de motivation alimentent chacun de ces éléments et que c'est seulement lorsque ceux-ci sont réunis que notre motivation réussit à nous faire faire le travail.

3.2 Les sources de motivation

Il peut être pénible de manquer de motivation. Vous vous sentez alors isolé, frustré, craintif, découragé et inquiet. Votre estime de soi est en chute libre. Heureusement, vous pouvez compter sur des sources de motivation ; en outre, vous avez appris, dans les chapitres précédents, des techniques et des outils utiles qui permettent de faire face à une baisse de motivation.

Parfois, une seule de ces sources suffira à vous redonner votre motivation, mais, dans certaines situations, vous devrez faire appel à toutes. Dans les sections suivantes, vous verrez comment vous servir de chacune d'elles.

3.2.1 Vous-même

Vous êtes la source de motivation (et inversement de démotivation) la plus puissante que vous puissiez avoir, car c'est en vous que tout commence. Un collègue, un héros qui vous inspire (Jacques Villeneuve, par exemple) ou votre environnement (les photos dans votre bureau) peuvent certainement renforcer votre motivation, mais ce sont d'abord vos pensées, votre stimulation et votre comportement — les composantes de votre système émotionnel — qui déterminent comment vous vous servez de ces différentes sources. Revoyons ces composantes pour savoir comment les utiliser afin de vous motiver et de vous garder motivé.

Apprendre à penser positivement

Vos pensées constituent votre principale ressource intérieure pour vous motiver. Au chapitre 2, nous avons vu comme il peut être destructeur de déformer sa pensée, alors que les dialogues intérieurs constructifs peuvent nous aider. Des pensées négatives comme «Je suis un mauvais rédacteur», «Je ne réussirai jamais à terminer ce rapport ; d'ailleurs, c'est idiot d'avoir à rédiger des rapports chaque semaine» peuvent miner votre confiance et votre enthousiasme, alors que des énoncés positifs comme «J'ai fait tellement de rapports que je devrais pouvoir sortir celui-ci sans peine; ces rapports hebdomadaires me permettent de savoir sur quoi je dois porter mon attention» produisent l'effet contraire. Les pensées positives font grimper votre motivation, alors que les pensées négatives la font dégringoler.

Pour apprendre à penser positivement, vous pouvez utiliser un certain nombre de techniques: 1) formuler des autosuggestions pour vous motiver; 2) jouer à des jeux mentaux; 3) vous concentrer sur vos pensées; 4) utiliser l'imagerie mentale; 5) faire une autocritique constructive; 6) vous fixer des buts significatifs.

Formuler des autosuggestions pour se motiver

Ces énoncés renforcent votre optimisme, votre ténacité et votre détermination. Ils vous indiquent que vous avez les compétences et vous donnent l'élan pour effectuer une tâche particulière. Pensez-y comme à des énoncés que vous voudriez entendre de quelqu'un pour soutenir votre confiance, à la seule différence que c'est vous qui vous les dites: «Je peux préparer cette stratégie de marketing. J'ai tous les chiffres. Personne ne comprend mieux le marché que moi. Peu importe ce qui va se passer, je préparerai cette stratégie.»

Si cela vous semble un peu difficile, prenez l'habitude de vous faire ces autosuggestions à différents moments de la journée, par exemple le matin avant de commencer votre travail ou encore avant d'entreprendre une nouvelle tâche. Vous pouvez aussi les écrire sur des fiches: «Je sais ce que je dois faire pour réussir ce travail.» «Rien ne m'empêchera de terminer cette tâche.» Gardez les fiches à portée de la main et consultez-les dès que vous sentez votre motivation flancher.

En général, vous savez quand vous avez besoin de ces autosuggestions pour vous motiver. Ce peut être lorsque vous avez des pensées négatives («Je ne pourrai jamais préparer cette stratégie de marketing»), que vous êtes amorphe (vous êtes assis à fixer le mur, car vous vous sentez dépassé par ce que vous avez à faire). Répétez vos autosuggestions jusqu'à ce que vous commenciez à les croire:

vous aurez alors franchi la première étape pour vous remettre sur la bonne voie.

Jouer à des jeux mentaux

Un des jeux que je trouve utile pour ramener la motivation, c'est «Mon plus beau jour de travail». Ce jeu vous permet d'utiliser vos émotions de manière productive et est basé sur le principe que l'imaginaire peut faire naître un éventail de pensées optimistes qui non seulement tiennent en échec les pensées négatives, mais favorisent aussi la stimulation positive, qui, nous le verrons ensuite, vous motive à agir.

E X E R C I C E

JOUEZ À «MON PLUS BEAU JOUR DE TRAVAIL»

1. Imaginez que vous vivez la plus belle journée de votre vie au travail. Vous avez plein d'énergie et d'idées; vous accomplissez un grand nombre de tâches; tout le monde vous lance des fleurs.

2. Imaginez certaines des choses précises que vous accompliriez ce jour-là. Supposons qu'il s'agit de rédiger un plan de vente innovateur. Vous révisez les chiffres de vente, analysez les tendances, préparez des tableaux et des graphiques, donnez des explications, rassemblez et présentez le tout au personnel, qui affirme que votre plan est fantastique.

3. Ressentez l'optimisme, l'enthousiasme et la confiance que vous vivriez. En imaginant les choses précises que vous feriez ce jour-là, il est facile de vous mettre à l'écoute des sentiments que vous auriez alors.

4. Utilisez ce jeu comme réponse conditionnée, c'est-à-dire comme moyen de reprogrammer votre motivation; faites appel à ce jeu pour ressentir instantanément des sentiments

d'enthousiasme, de confiance et d'ardeur, tout comme au chapitre 2 la réponse de relaxation conditionnée vous permettait d'appeler des images pour vous calmer aux premiers signes de stimulation.

Se concentrer sur ses pensées en se réservant un «bloc intense de travail» et en dressant une «liste des tâches à accomplir»

Ces deux techniques constituent une autre façon de donner une orientation à vos pensées pour vous motiver. Elles vous aident à ne pas remettre votre travail au lendemain, à ne pas essayer de l'éviter et à ne pas être amorphe.

Nous avons tous vécu des journées que nous avons commencées en étant bien motivé et plein d'énergie, mais où, au milieu de la matinée, nous nous sommes rendu compte que nous n'avions encore rien fait de bon. Un cycle négatif de perte de confiance, d'enthousiasme et de ténacité se met alors en marche. Il semble d'abord impossible d'accomplir quoi que ce soit, puis il devient vraiment impossible d'accomplir quoi que ce soit. C'est alors que vous pouvez vous servir du **bloc intense de travail**.

Cette technique consiste à bloquer une certaine période de temps pour accomplir un travail intense. Vous dites à vos collègues que vous ne voulez pas être dérangé et vous ne répondez pas au téléphone. Essentiellement, vous vous entourez d'une petite bulle pour pouvoir accomplir un travail intense. Vous pouvez ainsi réserver dix minutes, une demi-heure, deux heures à un travail intense. Ne prenez pas plus de temps qu'il ne vous en faut, car vous pourriez en venir à ne plus rien accomplir ; vos collègues sauront que vous consacrez cette période à du travail intense, alors vous devrez l'utiliser judicieusement. Et c'est ce que vous ferez.

Pour faciliter l'utilisation de cette période, vous pouvez dresser une liste des tâches à accomplir. Vous prenez alors le temps de répartir et de noter les tâches que vous devez accomplir durant le bloc intense de travail. Reprenons l'exemple de la journée qui a bien commencé et disons qu'au milieu de la matinée vous vous retrouvez à jouer au Solitaire à l'ordinateur et à vérifier votre courrier à trois reprises alors que vous n'attendez rien d'important. Vous finissez par reconnaître que votre motivation a disparu. Vous dressez donc une liste des tâches que vous voudriez accomplir durant le bloc intense de travail. Disons que vous vous réservez une heure. Vous pourriez la consacrer à cinq appels que vous devez faire et à deux notes de service que vous devez rédiger avant la fin de la journée. Ainsi, vous êtes certain d'accomplir quelque chose durant votre bloc intense de travail et ce que vous réalisez sert à renforcer votre croyance que vous avez la compétence nécessaire pour faire votre travail; cela vous stimule à en faire encore plus.

Il est parfois utile de réserver un bloc intense de travail au début de la semaine. Prenez quatre heures et faites toutes les tâches pour lesquelles vous manquez de motivation. N'oubliez pas de dresser votre liste des tâches avant cette période pour pouvoir utiliser votre temps de façon aussi productive que possible.

■ ■ ■ L'INTELLIGENCE ÉMOTIONNELLE AU TRAVAIL

Je déteste préparer la facturation reliée à mon travail et j'avais le tour de trouver des moyens d'éviter cette tâche. Toutefois, je prenais tellement de retard que cela occasionnait de sérieux problèmes, comme un faible flux de trésorerie. Je ne pouvais plus laisser cela se produire.

Voici ce que je fais maintenant. Chaque semaine, habituellement le jeudi après-midi, je dis à mon adjoint que je ne veux pas être dérangée durant deux heures. Je vais alors dans mon bureau et je fais la facturation. Rien d'autre.

Deux heures plus tard, je me sens vraiment bien parce que j'ai réussi à faire ce travail. Auparavant, cela m'aurait pris une semaine, et non deux heures. (Madeleine T., propriétaire d'un service de traiteur) ■ ■ ■

Utiliser l'imagerie mentale

Les êtres humains ont la faculté unique de pouvoir se représenter mentalement n'importe quelle situation, peu importe où ils se trouvent ou ce qu'ils font. Nous avons vu dans la section sur la résolution de problèmes que le fait de vous représenter les résultats d'une situation peut vous aider à évaluer la route que vous devez prendre pour y parvenir. L'imagerie mentale nous pousse à agir, puisque nous nous représentons en train d'agir. Ainsi, nous percevons que nous pouvons accomplir une tâche précise, puis nous découvrons vite que nous le pouvons.

Voici comment fonctionne l'imagerie mentale. Imaginer quelque chose fait souvent déclencher les mêmes réactions physiologiques qui surviendraient au cours de l'activité. Si vous vous imaginez en train de courir dans la rue pour attraper l'autobus, de petites contractions musculaires se produiront, semblables à celles que vous auriez en courant vraiment. Vous représenter mentalement en train de faire une excellente présentation peut déclencher la même stimulation, notamment l'enthousiasme et la confiance, que celle qui survient au moment où vous faites la présentation. Il ne vous faut alors qu'un tout petit effort pour utiliser la stimulation qui vous permet de vous motiver à travailler à votre présentation.

Ainsi, en précisant, en peaufinant et en répétant dans votre esprit les étapes qui vous permettent de rester sur la bonne voie (j'aime considérer ce processus comme une répétition mentale), vous êtes plus facilement motivé à mener réellement ces étapes à bonne fin. Voici un exercice qui vous aidera.

EXERCICE

UTILISEZ L'IMAGERIE MENTALE

1. *Détendez-vous.* Calmez-vous en fermant les yeux et en prenant de grandes respirations.

2. *Évoquez dans votre esprit la tâche pour laquelle vous ne vous sentez pas motivé.* Disons qu'il s'agit de rédiger l'évaluation de la performance d'un collaborateur. Concentrez-vous sur les sensations que vous vivriez vraiment dans cette situation. Vous vous voyez à votre bureau, vous sentez les pages du formulaire d'évaluation sous vos doigts et vous entendez le téléphone sonner et les gens parler dans le corridor.

3. *Imaginez les efforts que vous devez fournir.* Le formulaire est devant vous. Vous commencez à écrire quelque chose, puis vous l'effacez. Vous allez à la section suivante de l'évaluation et ne pouvez rien écrire. Vous vous sentez frustré; vous faites peut-être les cent pas dans votre bureau.

4. *Imaginez que vous reprenez vos esprits.* Vous vous assoyez de nouveau à votre bureau, vous êtes calme et maître de vous, et vous commencez à remplir une section de l'évaluation.

5. *Imaginez que vous arrivez à faire l'évaluation.* Représentez-vous en train de remplir chaque section du formulaire d'évaluation avec des critiques constructives et des suggestions qui permettent à votre collaborateur de s'améliorer.

6. *Imaginez que vous vous sentez bien.* Vous avez terminé le rapport, vous êtes heureux de l'avoir rédigé et fier d'avoir trouvé autant de choses utiles à écrire.

   Cet exercice vous permet de vous rendre compte qu'une tâche que vous aviez considérée comme insurmontable est, au contraire, **tout à fait réalisable**. En vous la représentant étape par étape et en vous parlant à vous-même tout au long du processus, vous vous voyez réussir: vous avez accompli la tâche. Cela vous encourage ensuite à réellement entreprendre la tâche.

L'esprit est très puissant, et nos pensées et notre imagination peuvent exercer une influence marquante sur nos comportements.

Formuler une autocritique constructive

Il n'y a rien comme la critique négative pour tuer la confiance et l'enthousiasme. Pensez à cet exemple du chapitre 2 où un patron qualifiait d'insensée une idée présentée dans une réunion. Inversement, rien ne vaut une critique constructive pour aider une personne à garder son dynamisme et son optimisme : « Ton rapport sur les changements que nous pourrions apporter pour rendre les installations plus ergonomiques est très utile. Tu as fait une bonne recherche. Je crois que ta recommandation d'acheter de nouvelles chaises pour tout le monde est trop coûteuse, mais tu pourrais peut-être trouver des moyens qui nous permettraient de modifier les chaises que nous avons déjà. »

La personne qui a préparé le rapport aura la motivation nécessaire non seulement pour trouver des moyens de modifier les chaises, mais également pour rédiger d'autres rapports semblables et s'attaquer à des tâches aussi difficiles. L'autocritique constructive a le même effet, sauf que c'est vous qui vous la donnez.

Il n'est pas facile pour la plupart d'entre nous de nous faire des autocritiques constructives parce que nous avons l'habitude de mal juger tout ce que nous faisons. L'autocritique constructive est pourtant **la clé de la motivation.**

■ ■ ■ L'INTELLIGENCE ÉMOTIONNELLE AU TRAVAIL

Une des choses que j'ai remarquées que je faisais en tant qu'architecte, c'est que j'étais portée à me critiquer. Après avoir travaillé à un projet durant une semaine, je me disais que ça n'allait pas. Je trouvais mille défauts. J'abandonnais alors mon idée et j'en cherchais une autre. Le scénario se reproduisait. Bien sûr, je ne finissais rien et je commençais à être découragée.

Un jour, mon patron m'a prise à part et m'a demandé quel était le problème. Je lui ai dit que ça allait bien quand je commençais mon travail, puis que je ne cessais d'y trouver des défauts et que je perdais ma motivation. Il m'a dit que tous les architectes trouvaient des choses à changer dans ce qu'ils faisaient. La solution, dit-il, c'est qu'une fois les défauts trouvés tu te dises comment y remédier.

J'ai intériorisé ce qu'il m'a dit. Je commencerais un projet et, après quelques jours, je pourrais le critiquer. Mais je réagirais maintenant aux critiques. Je me parlerais à moi-même, en jouant les deux rôles, celle qui reçoit et celle qui donne la critique. Je laisserais chacune écouter l'autre. Ce serait une sorte de dialogue intérieur.

Maintenant, lorsque j'engage ce dialogue d'autocritique constructive, je me rends compte que j'améliore mon travail. Je me dis comment faire et je trouve cela très motivant. (Julie L., architecte) ■ ■ ■

Lorsque vous examinez un de vos projets et que vous vous dites en quoi il faut l'améliorer, vous vous donnez une orientation et vous vous indiquez ce sur quoi vous devez travailler. C'est ce que nous allons maintenant voir.

Se fixer des buts significatifs

Lorsque vous êtes motivé, vous savez clairement où vous allez. Lorsque vous ne le savez plus, vous avez tendance à perdre votre motivation. Voici à quoi servent les buts.

Un but est **un objectif précis qui vous stimule**. Votre but de devenir le meilleur rédacteur publicitaire de votre service stimule votre désir d'atteindre ce but. Cette stimulation se transforme ensuite en énergie qui vous aide à atteindre votre objectif.

Si vous vous fixez comme but quelque chose de trop facile à accomplir, comme de simplement conserver votre emploi de rédacteur, cela devient ennuyeux et ne vous pousse pas à agir. À l'opposé, si votre objectif est trop irréaliste — vous voulez gagner un million de dollars comme rédacteur publicitaire —, vous risquez d'éprouver des sentiments de déception et d'échec. Il s'agit donc de vous fixer un but qui vous stimule, que vous pouvez atteindre et qu'il est possible de réaliser avec beaucoup d'efforts et un peu de chance.

Lorsque votre but est extrêmement ambitieux (devenir le meilleur rédacteur publicitaire de l'entreprise, alors qu'il y a dans la place des rédacteurs chevronnés ayant obtenu bon nombre de récompenses), vous pouvez vous sentir dépassé et perdre votre énergie. C'est alors que vous devez démontrer de la ténacité et que les conseils suivants vous seront utiles.

UTILISEZ EFFICACEMENT VOS BUTS

1. *Reconnaissez vos progrès dans la poursuite de votre but.* Donnez-vous une dose de renforcement positif pour vous encourager. Reprenons l'exemple du rédacteur publicitaire; vous pourriez remarquer que, après seulement trois projets, on vous a confié un des mandats les plus importants. Au projet suivant, le chef de service vous a félicité lorsque les ventes ont dépassé les prévisions grâce à la campagne de publicité. Vous vous occupez encore de projets importants. En reconnaissant vos progrès, vous vous rendez compte que vous approchez de votre but, ce qui vous aide à continuer de travailler fort et à avancer.

2. *Concentrez-vous sur le chemin parcouru, et non sur ce qui reste à accomplir pour atteindre votre but.* Même si vous n'avez fait que 25 % de la route, dites-vous que vous avez parcouru le quart du chemin, et non qu'il vous en reste encore les trois quarts. S'il y a 20 rédacteurs dans votre service et que vous êtes maintenant le cinquième, dites-vous qu'en seulement trois ans vous vous êtes rendu là. Cela vous motive à maintenir le cap pour atteindre le but visé.

Dans cette section qui visait à vous aider à penser positivement, nous avons vu comment nous servir de nos pensées pour nous motiver et nous faire avancer. Nous avons entrevu comment la stimulation peut servir de catalyseur pour nous faire progresser vers un objectif. Dans la prochaine section, nous verrons plus en détail le rôle de la stimulation dans la motivation.

Transformer la stimulation en énergie

Dans sa forme la plus pure et la plus primitive, la motivation provoque une **augmentation de la stimulation physiologique** et c'est ce qui nous fait avancer. Cela est vrai autant pour un rédacteur qui travaille fort en vue de devenir le meilleur de son service que pour un chat qui essaie de capturer un oiseau voltigeant dans le jardin. La motivation est innée chez les humains et chez les animaux, et elle se nourrit d'une augmentation de la stimulation physiologique et des efforts que l'on dépense.

Même des activités en apparence sédentaires et presque stupides, comme la facturation, exigent une dépense d'énergie (vos yeux et vos doigts bougent ; votre cerveau calcule les chiffres). Mais sans augmentation de la stimulation physique, déclenchée peut-être par le désir ou la joie d'imaginer le travail terminé, vous n'avez pas l'énergie de finir ce travail de facturation. Vous devez apprendre à vous stimuler, à utiliser cette stimulation et à la transformer en énergie. Vous vous servez ensuite de cette énergie pour vous aider à accomplir le travail. Voici quelques moyens d'utiliser votre stimulation pour vous motiver.

Bouger

Je suis certain que vous avez connu des moments où vous aviez peu d'énergie, étiez inactif à votre bureau, incapable d'accomplir quoi que ce soit. Vous deviez vous forcer pour vous garder les paupières ouvertes. Vous décidez alors de descendre l'escalier et de traverser l'immeuble pour vous rendre à la salle du courrier. Lorsque vous revenez à votre bureau, vous vous sentez reposé et prêt à reprendre le travail. Si vous suivez un cours d'aérobique, faites du jogging ou si vous vous entraînez dans un centre de conditionnement physique le midi, vous avez certainement noté à quel point vous êtes stimulé et revigoré par la suite.

Il y a une explication de nature **physiologique** à tout cela. Lorsque vous faites de l'exercice, votre sang circule plus rapidement, de telle sorte que plus de substances nutritives parviennent à vos muscles, à vos organes et à toutes les autres parties de votre corps ; comme votre respiration s'accélère aussi, vos cellules reçoivent plus d'oxygène. Lorsque vous revenez à votre bureau après votre marche jusqu'à la salle du courrier ou après votre entraînement au centre de conditionnement physique, votre corps et votre cerveau ont refait le plein de nutriments (selon, évidemment, l'intensité de l'exercice). Ainsi, vous ne vous sentez plus somnolent, l'assoupissement étant probablement causé par un manque d'oxygène. Votre cerveau fonctionne mieux.

Un autre phénomène permet d'expliquer pourquoi l'exercice nous redonne des forces : l'exercice stimule la production d'**endorphines** (revoir, au besoin, la section sur l'humour au chapitre 2) ; la libération d'endorphines nous fait nous sentir bien. Ainsi, toutes les fois que vous sentez votre motivation flancher ou votre énergie vous abandonner, levez-vous et bougez : prenez l'escalier, marchez dans l'immeuble, faites des étirements, sortez de votre bureau le midi, faites un peu de course sur place.

■ ■ ■ L'INTELLIGENCE ÉMOTIONNELLE AU TRAVAIL

Je travaille dans une agence de publicité et je dois souvent présenter à mes clients les messages publicitaires que nous concevons. C'est un milieu où il y a beaucoup de concurrence et on n'a qu'une seule chance d'accrocher le client. Je crois qu'il est alors très important d'être enthousiaste. Les clients le sentent, et moi aussi je suis bien.

Pour me sentir gonflé à bloc avant la présentation, je me mets dans la peau d'un boxeur professionnel. Je sautille, lance quelques coups droits, fais quelques esquives et quelques jeux combinés. Avant la fin de la ronde, je déborde d'énergie. Je suis fin prêt à affronter mon client et je me sens bien. (Jacques C., directeur du budget publicitaire) ■ ■ ■

Se détendre

Il peut sembler paradoxal de vous dire de vous relaxer afin d'augmenter votre niveau d'énergie, alors que je viens de vous proposer le contraire. Mais, en réalité, beaucoup de gens sont tellement exténués à cause de longues journées de travail, d'une vie de famille bien remplie et de leurs autres engagements qu'ils sont trop fatigués pour avoir la motivation dont ils ont besoin pour effectuer leur travail. La somnolence et les sentiments de lourdeur et de paralysie peuvent être causés aussi bien par de l'épuisement que par le fait que les cellules manquent d'oxygène, et les organes, de substances nutritives. Les manifestations sont les mêmes, mais la cause est différente.

Si l'épuisement vous empêche de vous stimuler, vous avez alors besoin de vous réserver de façon régulière de longues périodes pour vous détendre. Vous laissez alors vos cellules, vos organes, votre système respiratoire et votre système circulatoire, aussi bien que votre système émotionnel, se reposer, se ravitailler, se régénérer. Pensez à quel point vous avez refait le plein d'énergie lorsque vous revenez de vacances pendant lesquelles vous avez pu vous détendre.

Je vous recommande de consacrer une heure par jour à la relaxation, mais si vous ne pouvez prendre que 20 minutes, c'est certainement mieux que rien. Pendant ce temps, isolez-vous, calmez-vous et ne vous laissez pas déranger. Prenez un bain, lisez un livre, écoutez de la musique, méditez ; fermez les yeux et ne pensez pas au travail.

Évidemment, ces activités doivent avoir lieu à la maison. Il y a toutefois moyen de se détendre au bureau (selon le degré d'intimité dont on dispose) en faisant une petite sieste. Certaines personnes peuvent reprendre leurs forces en mettant la tête sur leur bureau et en dormant cinq ou dix minutes; notez toutefois que ça ne fonctionne pas pour tout le monde ! Vous pourriez avoir besoin d'une minuterie compte-minutes pour vous réveiller ou demander à votre secrétaire ou à un collègue compréhensif de vous appeler. Vous ne voudriez surtout pas que quelqu'un vous surprenne en train de dormir au travail !

Avoir un comportement productif

Vous êtes dans un état d'esprit positif pour commencer et terminer une tâche en particulier, vous vous sentez plein d'énergie pour l'accomplir, mais vous vous rendez compte qu'il vous manque encore quelque chose. Vous n'êtes pas encore motivé. Il y a alors certaines actions que vous pouvez entreprendre, certains comportements que vous pouvez adopter pour vous donner le coup de pouce final.

Dans cette section, nous allons décrire deux moyens qui vous aideront à rendre vos actions et vos comportements **productifs**. Le premier consiste à décomposer un travail en petites tâches. Le second a pour but de vous faire prêter attention à vos comportements afin que vous déterminiez lesquels sont particulièrement efficaces pour vous motiver.

Décomposer le travail en petites tâches

Vous vous sentez souvent débordé de travail. Vous avez tellement à faire et si peu de temps pour le faire, et vous ne disposez pas de toutes les ressources dont vous auriez besoin. Lorsque vous commencez à vous sentir débordé, toutes sortes de sentiments négatifs vous envahissent, comme la frustration, l'anxiété et la crainte. La première chose que vous savez, c'est que la motivation a foutu le camp et vous ne pouvez rien accomplir de bon.

Bien sûr, rédiger un rapport de 30 pages exige un effort impressionnant. Toutefois, si vous l'envisagez comme 30 rapports de 1 page ou 6 rapports de 5 pages, la tâche devient tout à fait raisonnable. Prenez n'importe quel travail pour lequel vous manquez de motivation et décomposez-le en minitâches; effectuez ensuite chacune. Voici comment vous y prendre.

**DÉCOMPOSEZ UN TRAVAIL
EN TÂCHES INDIVIDUELLES**

1. *Dressez une liste de toutes les tâches reliées au projet en question.* Dans le cas du rapport de 30 pages, voici certaines des tâches que vous pourriez avoir à effectuer:
   • Obtenir de Johanne les données sur l'étude de marché.
   • Obtenir de Marc les chiffres de ventes.
   • Obtenir les chiffres sur les lancements de produits semblables.
   • Demander à André un exemplaire du dernier rapport.
   • Dresser une liste de ce que je veux inclure dans le rapport.

- Préparer un plan.
- Rédiger la section 1.
- Rédiger la section 2.
- Rédiger la section 3...
- Rédiger la section 8.
- Rédiger la conclusion.

Chacune de ces tâches est réalisable. La rédaction est sans doute ce qu'il y a de plus difficile à accomplir, mais aucune section ne comporte plus de quatre pages. Bien que chaque tâche puisse encore vous rendre anxieux, craintif ou frustré, vous le serez certainement moins que si vous aviez envisagé le rapport comme un seul gros travail. Par conséquent, il est plus facile de garder votre confiance et votre enthousiasme à un degré qui vous permet de rester motivé.

2. *Faites de votre première tâche un succès assuré.* Dans le cas de ce rapport, il y a certaines étapes à suivre: vous devez avoir en main l'étude et la documentation avant de préparer le plan; celui-ci doit être fait avant que vous commenciez à rédiger chacune des sections. Ainsi, vous ne pouvez débuter n'importe comment. Il est logique de rassembler d'abord la documentation, alors commencez par ce qui est le plus facile. Marc a en main les chiffres de ventes, mais si vous ne pouvez le joindre, n'attendez pas après lui. Si André ne donne pas facilement son avis, ne commencez pas par lui non plus. Si vous savez que Johanne est serviable et disponible, c'est à elle que vous devez vous adresser en premier. Le premier succès vous donne l'énergie puis la motivation dont vous avez besoin pour entreprendre la tâche suivante.

En passant d'une tâche à l'autre, même si certaines semblent plus problématiques que d'autres, le dynamisme vous gagne, votre confiance se renforce, et le rapport de 30 pages, constitué de petites tâches possibles, devient un projet réalisable et non plus quelque chose d'impossible à effectuer.

Porter attention à ses comportements

Comme nous l'avons vu au chapitre 2, nos modèles de comportement sont des gestes que nous avons tendance à répéter. En y portant attention et en examinant comment ils affectent notre motivation, nous pouvons décider lesquels garder et lesquels écarter.

Disons que vous avez fonctionné de la façon suivante pour préparer un long rapport:

→ Obtenir des conseils de beaucoup de personnes-ressources.

→ Réviser l'étude jusqu'à ce que je la connaisse presque par cœur.

→ Rédiger l'introduction avant toute autre section.

→ Prendre beaucoup de notes sur des fiches.

→ Arpenter mon bureau lorsque l'inspiration ne vient pas facilement.

Préparez un tableau pour vérifier l'efficacité de chaque comportement. Voici quatre exemples vous montrant à quoi pourrait ressembler votre tableau.

COMPORTEMENT	CONSÉQUENCES	EFFICACITÉ	NOUVEAU COMPORTEMENT
Obtenir des conseils de beaucoup de gens.	Ça m'a pris beaucoup de temps; je faisais rarement ce qu'ils me conseillaient.	J'ai perdu trop de temps; je détestais courir après tout le monde; je remettais donc constamment cette tâche et je me suis mis les gens à dos lorsque je ne faisais pas ce qu'ils m'avaient suggéré.	Être plus sélectif quant aux personnes que je consulte, en choisissant celles avec qui je m'entends et qui ne seront pas trop offusquées si je ne suis pas leurs conseils.

COMPORTEMENT	CONSÉQUENCES	EFFICACITÉ	NOUVEAU COMPORTEMENT
Rédiger l'introduction avant toute autre section.	Je dois la récrire au complet à la fin du travail.	Je remets sans cesse la rédaction de l'introduction parce que je sais que je devrai reprendre cette tâche.	Prendre en note ce qui devrait aller dans l'introduction, mais la rédiger à la fin seulement.

COMPORTEMENT	CONSÉQUENCES	EFFICACITÉ	NOUVEAU COMPORTEMENT
Prendre beaucoup de notes sur des fiches.	Je me retrouve avec un paquet de fiches à mettre en ordre.	Une fois que mes fiches sont en ordre, je me sens plein d'énergie parce que la rédaction me semble facile comme tout : je n'ai qu'à suivre mes fiches.	Aucun.

COMPORTEMENT	CONSÉQUENCES	EFFICACITÉ	NOUVEAU COMPORTEMENT
Arpenter mon bureau.	Je n'accomplis rien de bon pendant ce temps ; je me sens plus frustré.	L'anxiété m'enlève ma motivation.	Y renoncer tout à fait ; au lieu de faire les cent pas, utiliser des techniques de motivation, comme bouger ou formuler des autosuggestions.

Ce genre de tableau vous aide à savoir ce qui vous motive et ce qui vous démotive. En révisant vos comportements et en écartant ceux qui ne fonctionnent pas, il devient plus facile d'être motivé et de le rester. La motivation que vous gagnez à chaque étape vous encourage à accomplir avec succès tout le travail.

Dans cette section, nous avons vu que vous êtes la meilleure personne pour vous motiver. Mais parfois, quels que soient votre désir et vos intentions, vous ne réussissez pas à aller chercher la motivation dont vous avez besoin. Heureusement, vous pouvez faire appel à d'autres sources. Les gens que vous connaissez sont l'une d'entre elles.

3.2.2 Les amis, parents et collègues

Dans cette section, nous verrons comment développer des relations mutuellement motivantes, comment tirer de ces relations la motivation dont vous avez besoin et comment rendre la pareille.

Comment développer des relations mutuellement motivantes

Si vous ne pouvez pas toujours choisir des membres de votre famille et des collègues, vous pouvez parfois faire appel à des amis. Mais c'est dans un de ces trois groupes que vous trouverez les personnes que vous voudriez avoir dans votre réseau de soutien. Vous opterez pour certaines parce qu'elles ont toujours su se sortir des complications. D'autres feront l'affaire parce qu'elles savent vous encourager et vous faire sentir bien. D'autres encore devraient en faire partie parce que vous les voyez souvent et qu'elles vous comprennent bien.

Notez dans votre esprit, avant que ne survienne une crise de motivation, les gens à qui vous pouvez faire appel au besoin. Vous vous sentirez ainsi moins isolé et ne direz pas : «Je n'ai personne à qui parler ; personne n'est là pour moi. » Des pensées négatives de ce genre ne font que vous nuire davantage. Nous vivons tous des crises de motivation : des événements assez mineurs comme le rejet d'un plan sur lequel on a travaillé pendant des semaines, ou des événements importants comme un licenciement. Être préparé et avoir un réseau d'entraide vous permettent non seulement de surmonter l'échec et d'y survivre, mais aussi de ne pas autant craindre les échecs.

Lorsque vous développez des relations mutuellement motivantes, vous devez déterminer ce que vous attendez d'autrui, sinon vous ne saurez pas qui devrait faire partie de votre réseau. Vous tirerez la motivation dont vous avez besoin pour que la relation vous serve le mieux possible. Mais vous devez aussi savoir rendre la pareille pour que la relation soit mutuelle et dure longtemps. Étudions tout cela en détail.

Trois aspects à rechercher

Vous devez avoir confiance en la personne choisie pour vous motiver, celle-ci doit constituer un choix pertinent et correspondant à vos besoins et elle doit être disponible. La confiance est essentielle parce que vous êtes vulnérable lorsque vous demandez de l'aide; vous ne voulez révéler votre vulnérabilité qu'à une personne en qui vous avez confiance, une personne bienveillante qui ne tire pas avantage de la situation, respecte la confidentialité et a à cœur vos intérêts. Par ailleurs, si vous ne pouvez faire confiance à la personne en question, vous ne vous sentirez pas à l'aise pour lui confier vos pensées et vos sentiments, et vous ne réussirez pas à obtenir l'aide dont vous avez besoin.

Le choix de la personne doit être pertinent parce que si une personne ne peut répondre à vos besoins, alors elle ne pourra pas vous aider. Votre meilleur ami peut être une personne sensationnelle avec qui vous avez plein de conversations agréables et vivez de bons moments, mais il n'est peut-être pas le genre de personne à pouvoir soutenir votre motivation.

Votre réseau de soutien doit aussi pouvoir répondre à des besoins particuliers. Parfois, vous avez simplement besoin de quelqu'un qui sait écouter et entend vraiment ce que vous dites. Il vous répondra peut-être: «Cela doit être très difficile pour toi.» Mais ces paroles vous montrent qu'il vous comprend, se soucie de vous et vous donne l'occasion d'exprimer ce qui vous ennuie.

Parfois, il vous faut quelqu'un qui vous suggérera concrètement comment vous rendre du point A au point B. Il peut s'agir d'un collègue qui comprend votre travail et peut trouver des moyens de vous sortir d'une situation difficile. Rappelez-vous le plan auquel vous avez travaillé durant des semaines et qu'on a rejeté. La personne qui vous apportera son aide doit être capable d'examiner le rapport et de voir comment l'améliorer; cela vous servira la prochaine fois et vous serez ainsi plus disposé à affronter un projet de même nature.

D'autres fois encore, vous avez besoin d'une personne aimante et compréhensive, qui sait vous prodiguer des éloges: «Tu es si intelligent et si compétent. Tu as tellement d'expérience. Même si ce plan a été un fiasco, tu feras du bon travail la prochaine fois.»

La disponibilité a son importance dans vos relations, parce que si les gens ne sont jamais là ils ne peuvent vous aider. Votre frère, que vous adorez et de qui vous êtes très proche, peut ne pas être le bon candidat pour une relation qui sert à vous motiver s'il voyage beaucoup et que, lorsqu'il est en ville, il reste chez sa petite amie ou ne répond jamais au téléphone.

Gardez à l'esprit qu'il n'est pas nécessaire d'officialiser ces relations. Vous n'avez pas besoin de demander à Gilles : «Que dirais-tu d'établir une relation mutuellement motivante ?» Examinez les relations que vous avez déjà et voyez à qui vous pouvez faire appel lorsque vous devez renforcer votre motivation. Prenez note mentalement du nom des personnes que vous pourriez appeler dans telle ou telle situation. Considérez ensuite ces personnes comme des filets de sécurité.

Ce qu'il faut demander

Lorsque nous faisons face à une crise, nous perdons souvent notre sens de la perspective et notre habileté à résoudre les problèmes. Les amis, les parents et les collègues qui peuvent prendre du recul et ne sont pas totalement submergés par la crise peuvent alors souvent nous aider.

Dans les moments de crise, nous nous sentons rejetés, et dans ces cas-là, malgré toute la pratique que nous avons à formuler des dialogues intérieurs constructifs et des autosuggestions pour nous motiver, nous laissons notre pensée se déformer : «Je suis un raté. Je ne réussirai jamais à me sortir de cette situation. Je ne trouverai jamais plus de travail.» Comme nous l'avons vu, ce genre de réflexions ne fait qu'aggraver la situation. Les gens de votre entourage peuvent vous aider en vous donnant un sens de la perspective.

Pour *les* aider à faire cela, vous devez leur dire exactement ce qui s'est passé. Expliquez-leur ce que vous pensez de la situation et demandez-leur ce qu'ils en pensent. Prenons l'exemple extrême d'un licenciement. L'entreprise pour laquelle vous travaillez a fait de la rationalisation et a éliminé votre service ; on vous a laissé partir et vous vous sentez complètement rejeté. Vous parlez beaucoup avec les membres de votre réseau de motivation. Ils vous rappellent à quel point ce travail vous rendait malheureux et que cette perte d'emploi est une vraie bénédiction. Ils vous font remarquer que, même si cette entreprise a échoué, l'industrie est prospère et de meilleures offres d'emploi vous attendent. Ils vous disent que ce n'est pas *vous* qui êtes un raté mais l'entreprise, et que c'est grâce à vos compétences qu'elle a pu se maintenir à flot. Lorsque vos collègues et amis vous ont fait part de la façon dont ils voient la situation, vous pouvez réévaluer celle-ci.

Comme les crises engendrent des émotions intenses, nous avons tendance à réagir de manière exagérée, à perdre le contrôle. Encore une fois, les autres peuvent vous donner leur point de vue. Dites-leur ce que vous ressentez : «Je suis si furieux que je voudrais que le président de la compagnie ait une crise cardiaque. L'avenir me fait tellement peur que je sens que je vais finir à la soupe populaire.» Utilisez des énoncés «Je pense». Demandez à vos amis, parents et collègues ce qu'ils ressentiraient dans une situation semblable. Il y a de fortes chances qu'ils ressentent la même chose que vous ; vous savez alors que vous n'êtes pas en train de perdre l'esprit. Extérioriser ainsi vos sentiments vous aide à vous mettre à leur écoute et à les gérer.

Les crises nous anéantissent tellement que nous en venons à trouver la situation désespérée et qu'il nous semble impossible de nous en sortir. Nos habiletés à résoudre les problèmes s'envolent. Les collègues qui peuvent vous motiver sont d'une aide inestimable. Expliquez-leur votre problème. Mentionnez-leur à quelles solutions, le cas échéant, vous avez pensé et demandez-leur quelles seraient les leurs. Le simple fait qu'ils vous aident à trouver des solutions est motivant ; les solutions proposées le sont aussi parce qu'elles vous permettent de vous apercevoir qu'il existe un moyen de surmonter les obstacles. Il y a une porte de sortie : vous *pouvez* réussir.

Bien que vous vouliez avoir des gens derrière vous pour vous aider et vous soutenir, vous devez leur faire savoir que vous êtes aussi tout à fait prêt à faire la même chose pour eux. Examinons maintenant comment vous pouvez rendre la pareille dans une relation mutuellement motivante.

Comment rendre la pareille

Rendre la pareille est en général le fondement de toute relation solide, c'est-à-dire dans laquelle les deux parties, membres d'une même équipe, s'apportent soutien et motivation. Ainsi, vous êtes là pour les autres comme ils sont là pour vous.

Rendre la pareille n'équivaut pas nécessairement à rendre le même type de service. En échange des conseils que vous obtenez, vous fournirez peut-être des repas maison. Il faut surtout qu'aucune des personnes engagées dans la relation ne se sente utilisée, exploitée ou manipulée.

Reprenons la situation du licenciement. Bien sûr, comme vous passez un mauvais moment, vous êtes plus appelé à recevoir qu'à donner. Mais vous pouvez montrer à ceux qui vous apportent leur aide que vous êtes aussi là pour eux. Demandez-leur ce qui se passe dans leur vie, montrez que vous vous souciez d'eux, apportez-leur votre soutien et offrez-leur vos conseils. Faites le suivi de conversations passées («Comment s'est passée la rencontre avec ton nouveau client?»). Vous démontrez ainsi que vous êtes à l'écoute.

Montrez à vos amis et collègues que la relation ne sert pas uniquement à vous motiver. Appelez-les pour leur dire bonjour et voir comment ils vont. Mentionnez-leur les bons sentiments que vous avez à leur égard, et ce, non seulement pour le soutien qu'ils vous apportent, bien qu'il vous faille aussi le reconnaître.

À mesure que vous et vos amis, parents et collègues vous vous apportez du soutien pour vous motiver, la relation se renforce, vous comprenez comment vous pouvez vous motiver mutuellement et vous augmentez votre intelligence émotionnelle au travail.

■ ■ ■ L'INTELLIGENCE ÉMOTIONNELLE AU TRAVAIL

Je n'ai jamais été dans les meilleurs étudiants. J'obtenais de bonnes notes parce que je travaillais fort et que j'étudiais sans arrêt. Je tenais à avoir de bonnes notes pour pouvoir être admise dans les écoles de mon choix, et ce, jusqu'à l'école de médecine. Et j'ai choisi mon école de médecine.

C'est alors que l'horreur a commencé. Il y avait énormément de travail à faire. Je ne pouvais suivre. J'étais débordée. Je me sentais vraiment découragée et je doutais de moi-même. Même si je voulais toujours être médecin, je commençais à croire que je n'en avais pas les capacités.

Curieusement toutefois, je réussissais bien les tests — j'obtenais des B-. Mais je croyais encore que j'allais échouer et j'avais le goût de tout abandonner. Et je pense que c'est ce qui serait arrivé, n'eût été de deux personnes, mon grand-père et mon oncle.

Mon grand-père était cardiologue. Notre relation était depuis toujours intense et remplie d'affection. Au cours de mes premiers mois d'université, il était une des personnes à qui je pouvais faire part de ce que je ressentais. Il m'écoutait et me comprenait. Mais surtout, il m'apportait son soutien. Il me disait que je pouvais réussir. Il me disait que c'était difficile de faire sa médecine et que si cette école était trop exigeante, je pouvais changer et que ce serait correct. Il me rappelait que la plupart des étudiants en médecine se sentaient débordés. Il m'affirmait que j'allais réussir, mais qu'il me faudrait beaucoup travailler. Enfin, il me disait que, peu importe ce que je ferais, il serait là avec son filet de sécurité. Vous savez, son soutien m'a motivée et m'a aidée à passer au travers.

Mon oncle Georges aussi était formidable. Il m'a donné confiance en moi au cours des années. Il m'enfonçait dans la tête que je devais croire en moi. Il m'obligeait à voir mes résultats réels et non ceux que je pensais avoir. Il me faisait remarquer que je pouvais réussir, et je réussissais. Après un certain temps, chaque fois que je commençais à me sentir débordée et découragée, j'appelais mon oncle Georges pour recevoir une dose de motivation. Ça m'a toujours aidée. (Catherine H., médecin) ■ ■ ■

Il y a aussi un autre type de personne qui peut vous motiver. Elle est facile à trouver, toujours disponible et prête à vous aider. Et vous n'avez rien à lui remettre en retour.

3.2.3 Les sources d'inspiration

Pour choisir votre source d'inspiration, pensez à la personne que vous voudriez avoir à vos côtés au travail. Cette personne vous sert de modèle, et c'est à elle que vous pouvez demander : «Qu'est-ce que toi, mon héros, tu ferais dans cette situation? Comment te sentirais-tu?»

Ça n'a absolument aucune importance que cette personne soit vivante ou non, qu'elle ait réellement existé ou non. Ce peut être Nelson Mandela, Myriam Bédard, un des personnages cinématographiques de Harrison Ford, Hillary Clinton, Isaac Newton, Elizabeth I, Michael Jordan, Marie Curie, Superman, Céline Dion, etc.

L'idée est que cette personne doit vous motiver. Vous vous mettez dans la peau de ce personnage et vous vous imaginez comment il s'y prendrait pour vous remonter et vous faire avancer après une déception. Ou bien vous vous demandez comment Myriam Bédard réagirait si quelqu'un l'empêchait de faire ce qu'elle doit faire, ou ce que ferait Hillary Clinton si son patron l'humiliait au cours d'une réunion. Penser à votre source d'inspiration augmente votre confiance, votre enthousiasme, votre ténacité, votre détermination et votre optimisme.

Voyons maintenant la quatrième source de motivation, votre environnement, et comment vous pouvez le rendre plus stimulant.

3.2.4 L'environnement

La plupart d'entre nous n'avons à peu près aucun contrôle sur notre milieu de travail. Il y a toutefois un certain nombre de choses que nous pouvons faire pour qu'il soit plus motivant, ou tout simplement moins démotivant. Les trois aspects que nous allons voir sont : 1) rendre notre espace de travail le plus sain possible ; 2) nous entourer d'objets qui nous inspirent ; 3) organiser notre espace de travail pour le rendre fonctionnel.

Rendre notre espace de travail aussi sain que possible

Votre santé, tout comme votre environnement, exerce une influence marquante sur votre motivation (pensez au peu de travail que vous voulez faire quand vous avez le rhume). Quand nous employons le mot «environnement», nous pensons à l'air que nous respirons, à l'éclairage, aux sons et aux objets qui nous entourent au travail. Pour que vous puissiez vous concentrer et être productif, ces quatre éléments doivent, dans la mesure du possible, contribuer à votre bien-être.

Respirer de l'air pur

Lorsque l'air est pur et frais, nous ne le remarquons habituellement pas, mais s'il ne l'est pas, alors là nous nous en rendons compte. Pensez aux fois où vous êtes entré dans une salle de réunion qui empeste la fumée de cigarette ou dans le bureau d'un employé qui n'a pas aéré la pièce après avoir travaillé de longues heures et qui semble avoir oublié de se laver; ou à une réunion qui semble soudainement être devenue ennuyeuse, car les gens se mettent à bâiller et à s'endormir. L'air vicié, puisqu'il manque d'oxygène, en est souvent la cause; parfois, cependant, il fait trop chaud (d'autres fois encore, comme nous le savons, c'est le conférencier qui est ennuyeux...).

De nos jours, la plupart des bureaux se trouvent dans des immeubles sans fumée, mais ce n'est pas toujours le cas. Si vous trouvez que la fumée nuit à votre motivation (sans parler de votre santé), mentionnez-le à votre chef de service pour voir s'il est possible d'obtenir des espaces de travail sans fumée. Si cela ne fonctionne pas, utilisez un petit purificateur d'air.

Si vous avez la chance d'avoir des fenêtres, ouvrez-les si cela ne dérange pas vos collègues, si le temps le permet et si le bruit provenant de la rue n'est pas trop intense. Rien ne peut vous remonter comme une bonne bouffée d'air frais. Essayez d'aller dehors pendant vos pauses ou, du moins, tenez-vous près de la porte et respirez un peu d'air frais.

Les odeurs ont un effet sur la motivation. Vous avez sans doute remarqué que, si vous vous trouvez dans une pièce où ça ne sent pas bon, il est très difficile de vous concentrer sur autre chose que cette odeur désagréable. Par ailleurs, vous avez peut-être noté comment les parfums agréables ont un effet positif. Des études ont démontré que la menthe et le citron, par exemple, sont des parfums qui augmentent le degré d'énergie et de concentration. Si cela est possible, vous pourriez mettre dans un contenant sur votre bureau des feuilles de menthe séchées ou de l'écorce de citron séchée. Utilisez des désodorisants naturels et non chimiques, car beaucoup de gens sont allergiques aux produits chimiques.

Écouter des sons agréables et éviter ceux qui nuisent au travail

Les sons sont stimulants. En faisant les bons choix, vous pouvez accroître votre énergie. Rappelez-vous le début d'une journée désorganisée, où vous ne semblez avoir aucune énergie et où vous n'avancez à rien. Vous montez alors dans votre voiture, mettez de la musique et sentez une décharge d'adrénaline vous envahir. Vous pouvez alors passer au travers des douzaines de factures, de listes de spécifications ou de rapports!

Toutefois, comme la plupart d'entre nous travaillons dans des espaces ouverts, il n'est pas toujours possible de faire jouer des cassettes. Dans ce cas, et si votre travail consiste en diverses tâches répétitives pour lesquelles il serait stimulant d'écouter de la musique, vous pourriez demander à votre patron qu'il vous permette d'utiliser un baladeur. Bien sûr, vous devrez prouver à votre patron que vous êtes aussi efficace sinon plus qu'avant. Il vous faut aussi choisir de la musique qui vous aide à travailler et qui vous calme tout en vous stimulant.

Il y a toutes sortes de bruits dans les bureaux; vous pouvez finir par ne plus entendre certains d'entre eux, alors que d'autres peuvent vraiment vous agacer et vous démotiver. Pensez aux travaux de réaménagement qui se font à l'étage inférieur ou à un collègue voisin qui parle toujours très fort au téléphone. Vous pourriez essayer des bouchons pour oreilles si vous n'avez pas besoin de parler souvent à d'autres personnes. Si votre collègue vous distrait au point que vous ne pouvez vous empêcher de l'écouter, vous pourriez demander à votre patron de changer d'espace de travail. Parfois, il ne s'agit que de s'habituer aux nouveaux bruits qui peuvent nous agacer. Prenez de grandes respirations et détendez-vous. Mettez en pratique les techniques que vous avez apprises pour vous aider à ne pas vous mettre en colère ni à vous sentir frustré.

■ ■ ■ L'INTELLIGENCE ÉMOTIONNELLE AU TRAVAIL

Une fois par semaine, mes six employés doivent passer au moins deux heures à faire des travaux d'écriture qu'ils appréhendent. Ce n'est pas difficile; c'est juste déplaisant à faire. Un jour, un des employés a demandé aux autres s'il pouvait allumer son magnétophone. Personne ne s'y est opposé, et la musique s'est donc mise à jouer. J'ai remarqué que les gens semblaient l'apprécier et qu'ils ont en fait terminé leur travail environ 20 minutes plus tôt que d'habitude.

Nous avons maintenant une chaîne stéréo puissante dans le bureau, et je jure que le fait de faire jouer de la musique à certains moments de la journée rend le personnel plus enthousiaste et productif. (Ghislain A., directeur des ventes) ■ ■ ■

Utiliser la lumière à son avantage

En 1982, les docteurs Al Lewy, de l'Université de l'Oregon, et Norman Rosenthal, du National Institute of Mental Health à New York, ont effectué des études pour démontrer l'effet de la lumière sur la motivation. En examinant un grand nombre de sujets qui se sentaient déprimés durant l'hiver, ils ont découvert que le manque de rayons ultraviolets dans le trou occipital du cerveau était la cause de leurs dépressions. Il est facile de guérir les patients de ces troubles affectifs saisonniers en les exposant à une lumière ultraviolette.

Si vous avez des fenêtres, tirez avantage de la lumière naturelle. Les gens ont souvent tendance à fermer les stores ou les volets parce que la lumière peut parfois être éblouissante. Puis, ils oublient de les rouvrir lorsque le soleil n'arrive plus directement sur eux, perdant par conséquent l'effet bénéfique des rayons ultraviolets. Si vous ne pouvez profiter de la lumière naturelle, vous pourriez mettre une ampoule UV dans votre lampe.

La couleur aussi a un lien avec la lumière. Les différentes longueurs d'onde des rayons de lumière qui viennent frapper la rétine de l'œil produisent les différentes couleurs que nous percevons. Les couleurs ont un effet sur notre motivation. Pensez au peu de travail que vous voudriez accomplir si vous vous trouviez dans une pièce aux murs tout noirs. Certaines couleurs nous affectent différemment. Le rouge, par exemple, augmente notre rythme cardiaque et notre pression artérielle, alors que la gamme des verts et des bleus tend à nous calmer. Bien que chacun d'entre nous réagisse de manière différente à une couleur précise, les gens trouvent souvent, à la suite d'associations qui remontent à leur enfance, que le jaune favorise la créativité et la communication, que le vert augmente la concentration et que le rouge donne de l'énergie. Faites des expériences et voyez ce qui vous convient le mieux. Vous ne pourrez sans doute pas peindre les murs de votre bureau de la couleur de votre choix, mais vous pourrez probablement poser du papier peint ou des affiches qui comportent les couleurs que vous voulez avoir autour de vous.

S'entourer d'objets signifiants

Tout comme l'image de votre aliment préféré peut vous faire saliver, une photo de votre source d'inspiration ou une phrase particulière peut stimuler votre motivation. Accrochez des photos, des coupures de magazines et des citations qui vous inspirent.

Une autre façon de rendre votre espace de travail inspirant est de vous servir de repères visuels et de notes de rappel. Les autocollants conviennent alors parfaitement : «Appeler Hélène à Pharmacorp.» «Préparer le plan du rapport.» «Rassembler les supports visuels pour la présentation.» Ces notes vous aident à concentrer votre énergie sur ce que vous devez accomplir. Il est préférable de noter une tâche à la fois, comme rédiger le plan ou réunir des supports visuels, plutôt que le travail tout entier («Rédiger le rapport.» «Faire la présentation.»). Vous sentirez ainsi que vous avancez en pouvant éliminer les autocollants à mesure que chaque tâche est accomplie. Bien sûr, dès que vous avez jeté la note «Préparer le plan du rapport», vous devez la remplacer par «Rédiger la première partie du rapport». Mais vous ne serez pas aux prises avec le découragement de voir la même note durant des jours et des jours.

Organiser son espace de travail pour le rendre fonctionnel

Vous essayez de travailler à un projet, mais êtes complètement paralysé parce que vous ne pouvez trouver les papiers dont vous avez besoin. Les numéros de téléphone utiles sont sur des bouts de papier Dieu sait où, et il n'y a pas de place sur votre bureau pour y travailler. Vous ne pouvez alors entreprendre votre travail avant d'avoir classé vos papiers dans les bons dossiers, nettoyé votre bureau et dressé une liste des numéros de téléphone.

Votre enthousiasme pour votre travail s'envole rapidement si votre espace de travail n'est pas bien organisé. Faire ce qu'il faut pour le rendre fonctionnel et ainsi nourrir votre motivation et non la perdre en vaut vraiment la peine.

Jusqu'à maintenant dans ce chapitre, nous avons vu comment vous deviez utiliser les quatre sources de motivation, c'est-à-dire vous-même, vos amis, parents et collègues, votre source d'inspiration et votre environnement. Dans chacune des sections, nous avons vu des exemples de différents revers, allant du rejet d'un projet à la perte d'un emploi. Dans la prochaine section, nous étudierons comment affronter et surmonter les échecs.

3.3 Faire face aux échecs et reprendre le dessus

Nous avons tous fait face à un échec à un moment ou l'autre de notre carrière. Une personne intelligente sur le plan émotionnel sait non seulement comment affronter un revers et continuer d'avancer, mais aussi comment en tirer des leçons. Dans cette section, nous allons voir de quelle façon les échecs nous affectent et comment franchir les étapes pour reprendre finalement le dessus.

3.3.1 Comment les échecs nous affectent

Un échec nous amène à changer de voie, à vérifier nos progrès. Les échecs peuvent survenir quand vous recevez une mauvaise évaluation de votre performance, quand vous voyez un de vos projets annulé, quand on vous refuse une promotion ou quand vous perdez votre emploi. Dans chaque situation, vous semblez bien aller, vous poursuivez une certaine route et soudainement, parfois de manière choquante, on vous dit: «Ton rendement est insuffisant.» «Ton projet ne sera pas accepté.» «Quelqu'un d'autre a obtenu la promotion.» «Le service où tu travailles va fermer.»

Vous perdez alors votre dynamisme et votre motivation. Votre estime de soi tombe à zéro. Vous ressentez sans doute toute la gamme des émotions négatives: la colère, le découragement, la crainte, l'anxiété, etc. Selon la sévérité du revers, d'autres aspects de votre vie peuvent être touchés: votre famille, vos amis et vos activités non reliées au travail.

Les gens réagissent tous différemment aux échecs. Après avoir vu un client important s'en aller, un représentant commercial perd tous ses moyens et ne réussit pas à s'occuper de ses autres clients. Un autre représentant qui se retrouve dans la même situation prend le téléphone et trouve deux nouveaux clients. Après avoir perdu son emploi, une personne se met à boire, tandis qu'une autre cherche un domaine qui la satisfait mieux. C'est la détermination, ou la capacité de reprendre le dessus, qui différencie les personnes qui peuvent faire face positivement aux échecs de celles qui ne le peuvent pas. Une personne démontre de la détermination grâce non pas à un gène, mais à sa capacité d'utiliser efficacement les émotions engendrées par l'échec.

Heureusement, dans les chapitres précédents sur la conscience de soi et la gestion des émotions ainsi que dans ce chapitre, vous avez appris à connaître bon nombre d'outils et de techniques qui peuvent vous aider à reprendre le dessus. J'aime penser à ces outils et habiletés comme aux éléments d'une trousse de remise sur pied:

→ Vous mettre à l'écoute de vos sentiments et de vos interprétations.

→ Formuler des autosuggestions et engager des dialogues intérieurs constructifs.

→ Conserver votre sens de l'humour.

→ Faire de la relaxation.

→ Entreprendre des activités physiques.

→ Utiliser les techniques de résolution de problèmes.

→ Faire appel à votre réseau de soutien.

→ Réévaluer vos buts et en établir d'autres.

Examinons maintenant comment vous pouvez utiliser ces outils pour passer au travers du processus qui vous permet de reprendre le dessus après un revers.

3.3.2 Franchir les étapes qui permettent de reprendre le dessus

Habituellement, on considère un échec comme une perte: vous perdez le cap, votre motivation, votre confiance, votre estime de soi et votre enthousiasme. Vous pouvez aussi avoir perdu quelque chose de plus concret, comme une promotion, une augmentation de salaire, le feu vert pour un projet ou votre emploi. Bien que la rapidité avec laquelle une personne peut surmonter l'échec et la façon de s'y prendre varient pour chacune, les étapes par lesquelles il faut passer sont les mêmes pour tout le monde. Ces étapes sont la **négation**, la **colère**, le **désir de retourner en arrière**, le **découragement**, l'**acceptation**, l'**espoir** et l'**action positive**. Nous verrons chacune de ces étapes en détail, mais sachez, pour le moment, que vous devez vivre et gérer chaque étape, en réussissant à passer de l'une à l'autre. Si ce n'est pas le cas, vous ne pouvez faire le deuil de cet échec.

Première étape: la négation. «Je ne peux croire que cela m'est vraiment arrivé.» La négation, la première étape que l'on vit lorsqu'on subit un échec, a une fonction importante: elle sert de tampon contre le choc d'apprendre qu'une crise est survenue et contre le torrent d'émotions vives qui accompagnent cet état de fait. Essentiellement, la négation, le fait de nier la présence d'une crise, vous donne un moment de répit utile. Nier cette crise pendant une longue période vous empêche, bien sûr, d'avancer.

Durant cette étape, vous pouvez en venir à déformer votre pensée, à mal évaluer la situation et à vous démotiver: «C'est la fin de ma carrière.» Il est alors important d'utiliser votre conscience de soi pour faire des évaluations justes et rester en contact avec la réalité.

Vous devez aussi vous mettre en contact avec vos sentiments pour pouvoir avancer. L'intensité de ces émotions fait qu'il peut être tentant de ne pas y faire face. Mais un des principes de l'intelligence émotionnelle dit que nous devons être ouverts autant aux émotions négatives qu'aux émotions positives.

Vous devez vous donner le temps de vous ressaisir et de gérer vos émotions. En même temps, dites-vous que vous devrez faire face à la situation, mais pas tout de suite; vous le ferez peu à peu et serez ainsi plus à l'aise par rapport à la situation.

Deuxième étape: la colère. Vous avez commencé à vous attaquer au problème, mais vous commencez à vous dire: «C'est injuste. Ils ont fait une erreur monumentale. Je déteste leur façon de voir les choses.» C'est le début d'un cercle vicieux où la colère se nourrit d'elle-même et qui vous amène à vous sentir encore plus mal qu'avant.

Vous devez alors utiliser toutes les techniques que vous avez apprises dans le chapitre 2 pour gérer vos émotions, à partir des dialogues intérieurs constructifs jusqu'à la relaxation. Pour dissiper tout accès de colère ou diminuer votre niveau de stimulation, vous pourriez faire une activité physique, ou écrire une lettre à votre patron pour lui dire que la réorganisation qu'il a effectuée est la pire chose que vous ayez jamais subie (lettre que vous n'enverriez pas, bien sûr).

Par la suite, comme la colère est un indice que quelque chose ne va pas, vous devez examiner la situation, puis voir ce qui ne va pas et comment y faire face. Par la même occasion, vous pourriez réévaluer vos buts et vos priorités, ce qui vous aidera à vous remettre sur la bonne voie ou à vous réorienter.

Troisième étape: le désir de retourner en arrière. Même si vous avez réévalué les choses, vous voudriez qu'elles soient encore comme avant: «Si ce président stupide n'avait pas pris la décision stupide de fusionner les deux services, je serais heureux comme un poisson dans l'eau de retrouver mon ancien patron et mon ancien bureau.» Cette étape, un peu comme celle de la négation, sert de tampon pour vous éviter de vous retrouver dans une telle situation. Cette nostalgie vous aide à bien vous sentir. Mais si vous restez dans cet état d'esprit trop longtemps, vous revenez à l'étape précédente et vous vous mettez en colère contre le fait que cette période de votre vie soit maintenant chose du passé.

Il s'agit alors de reconnaître que vous aimeriez en effet retourner à ce que vous viviez avant, mais que ce n'est pas possible. Demandez-vous ensuite: «Que dois-je faire maintenant? Comment me remettre sur une voie qui me fait avancer?» La réponse est que vous devez entreprendre des actions productives et commencer à explorer lesquelles sont réalistes et pratiques.

Quatrième étape: le découragement. Il peut sembler accablant de vous rendre compte que vous devez entreprendre des actions pro-ductives, alors que vous vous sentez mal et incapable de prendre une décision. Comment fournir l'effort et avoir la confiance de parler à un nouveau patron ou de vous retrouver dans un nouveau service? Juste le fait d'y penser vous donne le goût de vous mettre au lit et de vous cacher sous vos oreillers. C'est justement ce que font beaucoup de gens. D'autres sont incapables de dormir et se sentent alors exténués durant la journée. D'autres encore fuient leurs amis et souffrent seuls dans leur coin.

Cette étape est le principal obstacle à franchir avant de reprendre le dessus parce que des pensées et des émotions déprimantes vous rendent apathique et vous réduisent au désespoir. Mais l'étape du découragement constitue un point tournant et lorsque vous l'avez passée vous êtes sur la bonne voie pour pouvoir reprendre le dessus.

Encore ici, vous connaissez les techniques à utiliser: appelez des gens qui font partie de votre réseau de soutien pour obtenir des con-seils, de l'encouragement et de l'aide grâce à la résolution de pro-blèmes; formulez des autosuggestions; écrivez dans votre journal personnel parce qu'il est important d'être tout à fait conscient de vos sentiments de découragement. Comme vous le savez, être conscient de ses sentiments permet de les gérer.

Cinquième étape: l'acceptation. Lorsque vous entrez dans cette phase, vous commencez à reprendre confiance et à vous sentir de nouveau motivé parce que vous savez que vous avez tenu le coup. Vous acceptez le fait que l'ancienne situation n'existe plus et que vous devez faire face à une nouvelle.

Durant cette étape, vous devez vous concentrer sur vos buts et vos désirs, et prévoir une stratégie pour les réaliser. Votre conscience de soi servira à vous mettre à l'écoute de vos désirs.

Sixième étape : l'espoir. L'optimisme revient. Vous avez un but en tête et vous connaissez les étapes à suivre pour y parvenir. Vous avez l'espoir d'y parvenir et la confiance pour ce faire. Votre espoir vous stimule suffisamment pour vous mener à l'étape suivante.

Septième étape: l'action positive. Vous agissez enfin pour vous remettre sur la bonne voie. Vous vous sentez plein d'énergie, encouragé et prêt à faire ce qu'il faut pour maintenir le cap. Vous avez presque entièrement retrouvé votre motivation. Pour garder votre motivation, décomposez le travail en petites tâches, surveillez votre comportement de temps à autre et utilisez vos habiletés en résolution de problèmes pour trouver des réponses à toute difficulté qui pourrait survenir.

Bien que ces sept étapes puissent ne pas s'appliquer à tout ce que vous avez vécu ou vivez, il est utile de savoir qu'elles existent et qu'il faut les traverser pour reprendre le dessus après un échec.

■ ■ ■ L'INTELLIGENCE ÉMOTIONNELLE AU TRAVAIL

Mon plus grand échec a été de voir quelqu'un prendre la relève d'un projet d'envergure internationale dont je m'étais occupée pendant plus de six mois. Ce coup m'a jetée par terre.

Le président semblait croire que je n'avais pas le talent pour m'occuper d'un projet qui allait s'étendre sur trois continents. Bon sang! Comment ne le pourrais-je pas? J'avais mis sur pied tout le projet.

J'étais estomaquée. Jusqu'à ce jour, j'avais rapidement eu de l'avancement. Je venais d'avoir 30 ans. Rien ne semblait pouvoir m'arrêter. Les quelques semaines suivantes se sont vraiment mal passées. J'étais déconcertée et je croyais maintenant être bonne à rien. Je n'étais pas très productive. Je ne parlais à personne. Un jour, j'étais près de ma secrétaire dans la salle du courrier. Elle m'a dit qu'elle était désolée pour ce qui était arrivé avec ce projet, mais qu'elle était certaine qu'il y en aurait d'autres. J'ai commencé à lui faire part de mes sentiments et elle a été d'un grand soutien. Elle m'a fait remarquer que, malgré ma déception, c'était sensationnel que j'aie mis ce projet sur pied et que j'en obtiendrais le mérite.

Quelques jours plus tard, j'ai reçu un appel d'un bon ami du service de la publicité qui voulait savoir ce qui s'était passé. Je lui ai expliqué qu'on m'avait dit que le président croyait que j'étais trop jeune pour m'occuper de ce projet, que les partenaires outre-mer étaient beaucoup plus vieux et ne seraient pas à l'aise avec moi. Je lui ai dit que je pensais que c'était une question politique, puisque la personne qui s'occupait à présent du projet n'était pas beaucoup plus vieille que moi. « Peut-être, m'a dit mon ami, mais tu dois tout de même en prendre ton parti. »

Le conseil a porté des fruits. Même si c'était une question politique, le mieux que j'avais à faire était de continuer d'avancer, d'avoir du succès, et non de m'apitoyer sur mon sort. Je me suis rendu compte que j'avais beaucoup d'atouts ; je savais comment avoir du succès même si je n'en avais plus.

Les jours suivants, j'ai commencé à me sentir mieux. Je me suis fixé de nouveaux buts et j'ai mis quelques idées en œuvre. J'ai présenté certaines idées à ma secrétaire et à mon ami du service de la publicité. Ils m'ont encouragée et motivée, et m'ont aussi fait part de bonnes idées.

Quelques semaines plus tard, j'ai obtenu le feu vert pour un très gros projet. Et même si je ne le mène pas à terme, je sais que j'aurai d'autres bonnes idées. (Charlotte D., conceptrice au service de marketing chez un éditeur commercial) ■ ■ ■

3.4 Réunir toutes les habiletés de la motivation

Dans ce chapitre, nous avons examiné les échecs dans le contexte de crises importantes : un projet annulé, une perte d'emploi. Mais comme nous l'avons aussi vu, toute situation ou activité démotivante peut aussi être source d'échec, car elle vous met hors circuit même pour une courte période. Il peut s'agir de l'air vicié d'une pièce, de l'incapacité de faire votre facturation, d'une réprimande de votre patron, d'un projet qui vous accapare ou d'une trop grande charge de travail.

Ce qu'il y a de curieux avec les échecs, c'est qu'ils sapent votre motivation alors qu'il vous faut précisément être motivé pour les surmonter! Mais ce n'est pas insoluble, parce que vous avez appris dans ce chapitre comment vous motiver. Ainsi, après avoir subi un revers et vécu une période de démotivation, vous révisez et mettez en pratique tout ce que vous avez appris sur la motivation. Vous mobilisez vos pensées, modifiez vos comportements et vos actions pour retrouver votre confiance et votre enthousiasme; vous cherchez le soutien de vos amis, parents et collègues pour remettre les pendules à l'heure et faire de la résolution de problèmes; vous faites appel à votre source d'inspiration pour une dose d'optimisme; vous faites de votre milieu de travail un endroit qui vous permet d'être aussi productif et tenace que possible; dans les cas graves, vous franchissez les sept étapes qui vous permettent de reprendre le dessus après un échec pour regagner votre détermination.

Les trois moyens vus jusqu'ici pour vous aider à augmenter votre intelligence émotionnelle sont la motivation personnelle, le développement d'une conscience de soi élevée et la gestion de vos émotions. Comme ce livre a pour but de vous aider à utiliser votre intelligence émotionnelle au travail, nous verrons, dans la deuxième partie, comment vous pouvez vous servir de votre intelligence émotionnelle pour avoir les meilleures relations possible avec vos collègues, superviseurs, clients, fournisseurs et toute personne avec qui vous devez faire affaire au travail.

UTILISER SON INTELLIGENCE ÉMOTIONNELLE DANS SES RELATIONS AVEC LES AUTRES

Pensez au nombre d'interactions que vous avez avec autrui au cours d'une journée de travail : avec un collègue voisin, des employés dans la salle du courrier, votre patron, des membres de votre équipe de travail, des clients ou des fournisseurs. Ces interactions peuvent nécessiter des négociations (pour faire livrer un colis le lendemain même si vous avez dépassé l'heure limite ou pour faire accepter à votre patron de vous laisser assister à une conférence), de la vente (d'une proposition à votre équipe de travail, de vos compétences à un client), de la gestion (de votre équipe, de vos collaborateurs), de l'initiative (à l'égard de vos collègues travaillant à un de vos projets, de vos clients), de la résolution de conflits (avec un fournisseur, avec les membres de votre équipe) et de l'esprit d'équipe (dans votre équipe, avec vos clients).

L'intelligence émotionnelle permet à toutes les personnes concernées — en particulier vous — de faire de ces relations et interactions une **réussite**. Grâce à votre intelligence émotionnelle, vous pouvez reconnaître les émotions et les sentiments d'autrui et y réagir, agir sur ces émotions afin de résoudre avec succès un problème et utiliser ces émotions pour aider les autres à s'aider eux-mêmes.

Évidemment, votre habileté à faire tout cela vous permet d'améliorer votre position dans l'entreprise parce que non seulement vous réussissez à accomplir plus de travail, puisque vous pouvez obtenir consensus et collaboration, mais que les autres vous perçoivent comme une personne indispensable dans leur équipe.

Dans la première partie, vous avez appris comment accroître votre intelligence émotionnelle sur le plan personnel : en développant une conscience de soi élevée, en apprenant à gérer vos émotions et à vous motiver. Nous allons maintenant consacrer toutes ces habiletés à la poursuite de bonnes relations interpersonnelles au travail. Nous verrons comment vous pouvez développer des **compétences en communication**, entretenir de **bonnes relations interpersonnelles** et agir comme **guide pour les autres**. Enfin, nous verrons comment une entreprise dont les employés ont de bonnes relations entre eux devient une entreprise **intelligente** sur le plan émotionnel.

4

DÉVELOPPER
SES COMPÉTENCES
EN COMMUNICATION

La communication est à la base de toute relation. Sans communication, qu'il s'agisse de langage des signes, de langage corporel, de courriel ou de conversation en tête à tête, il n'y a pas de contact et par conséquent pas de relation. L'importance de compétences en communication est cruciale et leur valeur, inestimable. Demandez-vous comment vous réussiriez à résoudre un conflit entre deux employés ou comment vous expliqueriez à votre patron que son accès de colère vous affecte si vous ne pouviez communiquer efficacement. Dans le premier cas, vous pourriez irriter davantage un des employés en ne prenant en considération que l'opinion de l'autre. Dans le second, vous pourriez tout aussi bien vous retrouver avec un avis de congédiement si vous faites preuve d'arrogance et de manque de collaboration envers votre patron.

Dans ce chapitre, nous présentons les habiletés qui vous aident à communiquer efficacement pour que les échanges comme ceux que nous venons de mentionner aboutissent à des résultats positifs. Voici les habiletés que nous allons étudier:

- *La révélation de soi:* mentionner clairement à l'autre personne ce que vous pensez, ressentez et voulez.

- *L'affirmation:* exprimer vos opinions, vos idées, vos croyances et vos besoins tout en respectant ceux des autres.
- *L'écoute active:* entendre ce que dit *vraiment* l'autre personne.
- *La critique:* partager de manière constructive vos idées et vos sentiments concernant les idées et les actions d'une autre personne.
- *La communication en équipe:* communiquer lorsque vous êtes en groupe.

Dans tous les cas, il faut savoir faire preuve de **sensibilité** pour que chaque habileté soit efficace. Ainsi, avant de traiter ces habiletés en profondeur, nous devons examiner le rôle clé que joue la sensibilité dans une communication efficace.

4.1 Faire preuve de sensibilité

Dans le premier chapitre, vous avez vu que, pour augmenter votre intelligence émotionnelle, vous devez développer une conscience de soi claire. Pour ce faire, vous devez examiner comment vous élaborez vos perceptions, vous mettre à l'écoute de vos sens et de vos sentiments, apprendre à connaître vos intentions et prêter attention à vos gestes. Dans ce chapitre, vous mettrez en pratique bon nombre des techniques que vous avez alors apprises, sauf qu'il vous faudra prendre conscience d'une autre personne. Vous devrez faire preuve de sensibilité à l'égard de cette autre personne ; la sensibilité est un autre principe de l'intelligence émotionnelle. Lorsque vous vous servez de votre intelligence émotionnelle pour communiquer avec quelqu'un, vous prêtez attention aux effets qu'a la communication sur ses sentiments, ses pensées et ses comportements, et vous **adaptez** votre façon de communiquer en conséquence. Votre sensibilité devient une **habileté**.

Supposons que vous avez appris avec le temps que votre patron a beaucoup d'amour-propre ; vous devez toutefois lui parler de l'accès de colère qu'il a eu au cours de la réunion où il a critiqué sévèrement votre proposition en la qualifiant d'«insensée». Vous ne mentionnerez certainement pas ses défauts de caractère et ne laisserez pas entendre qu'ils sont la cause de cette colère, car vous blesseriez alors son amour-propre. Avoir **conscience** du comportement de votre patron vous permet d'abord de reconnaître qu'il a beaucoup d'amour-propre. Vous pourriez donc commencer la conversation en faisant appel à sa fierté : «Richard, j'ai toujours été impressionné par ta capacité à rester d'humeur égale et à te montrer raisonnable dans les réunions.» Vous pouvez ensuite aborder le problème en douceur : «Je ne sais pas si tu t'en es rendu compte ou non, mais hier pendant la réunion tu semblais très furieux lorsque tu as mentionné que mon idée était insensée. Est-ce que j'ai dit quelque chose qui t'a mis en colère ? J'étais vraiment malheureux parce que je pensais avoir fait quelque chose de mal.»

Faire preuve de sensibilité vous amènera à vérifier après chaque phrase comment réagit Richard. Est-ce que la moutarde lui monte au nez ? Si c'est le cas, vous pourriez lâcher prise et lui demander : «Est-ce le bon moment pour parler de cela ?» Vous démontrerez ainsi que vous êtes sensible à ce que ressent Richard. En lui permettant de se sentir à l'aise de vous parler et en lui montrant que vous êtes conscient de ses sentiments et que vous les prenez en considération, vous rendez possible un échange beaucoup plus significatif.

Pour apprendre à faire preuve de sensibilité, vous pourriez vous demander : «Comment est-ce que je réagirais dans cette situation ? Quelle serait la meilleure manière de me dire cela ? Est-ce que je serais content de me faire parler d'un accès de colère que j'ai eu dans une réunion ? Comment une personne pourrait-elle s'y prendre pour me le dire de la façon la moins blessante possible ?» Vos réponses devraient vous indiquer quelle stratégie choisir dans une situation délicate. Cet exemple vous permet d'utiliser les composantes de votre intelligence émotionnelle : vous vous servez de l'émotion pour mieux réfléchir.

Une autre façon d'apprendre à faire preuve de sensibilité est la méthode par tâtonnement, qui peut toutefois être problématique. Si vous dites à Richard «Ton accès de colère était injustifié et insultant» et qu'il vous réplique «Ton commentaire est déplacé et insultant», vous reconnaîtrez sans doute que vous avez manqué de sensibilité et vous apprendrez de cette expérience.

En étudiant chacune des cinq habiletés de la communication interpersonnelle, nous verrons comment vous pouvez utiliser votre sensibilité à l'égard des sentiments d'autrui pour couronner de succès vos interactions.

4.2 La révélation de soi

La communication suppose des échanges et une adaptation de part et d'autre. Tout en vous efforçant de comprendre l'autre et de vous faire comprendre de ce dernier, vous essayez chacun de faire passer un message. Parfois, la meilleure façon de vous y prendre est d'exprimer clairement vos pensées, vos sentiments et vos croyances. C'est ce que nous appelons la **révélation de soi**. Les énoncés de révélation de soi commencent habituellement par «Je pense», «Je me sens» ou «Je crois» : «Je pense que cette proposition a du bon.» «Je me sens troublé par la réponse que j'ai obtenue.» «Je crois que la meilleure façon d'aborder les autres à ce sujet est de rédiger une note de service.»

Il peut être angoissant d'exprimer nos pensées, nos idées et nos sentiments au travail. Nous pouvons avoir peur de voir notre idée dénigrée, une pensée révéler un manque de connaissances, un sentiment démontrer une faiblesse de caractère. Il est certain que la révélation de soi implique un certain risque. Je ne recommande pas une ouverture totale, mais plutôt stratégique : vous choisissez avec soin ce que vous voulez révéler ainsi que le moment et la façon de le faire ; vous prenez en considération à la fois la nature de la relation avec la personne à qui vous vous ouvrez ainsi que l'importance de l'information que vous partagez. De cette façon, comme vous le verrez, vous réduisez les risques et augmentez les avantages.

Dans les sections suivantes, nous décrirons six moyens de formuler des énoncés de révélation de soi et de se sentir à l'aise de le faire :

1) reconnaître que vous êtes maître de vos énoncés ;
2) décrire vos perceptions sensorielles ;
3) formuler vos interprétations ;
4) exprimer vos sentiments ;
5) déclarer vos intentions ;
6) expliquer vos actions.

4.2.1 Être maître de ses énoncés et le reconnaître

L'important avec la révélation de soi est de reconnaître que certaines expériences font naître en vous des pensées, des idées et des sentiments. En comprenant cela, non seulement vous reconnaissez la valeur de ces pensées, idées et sentiments, en admettant qu'ils sont basés sur quelque chose de concret — votre propre expérience —, mais vous acceptez aussi que les autres puissent avoir leurs propres pensées, idées et sentiments fondés sur leur propre expérience, et qui sont, par conséquent, valables pour eux.

Supposons que vous assistez à une réunion portant sur la productivité et que vous dites : « Ce serait une bonne chose d'avoir de nouveaux ordinateurs dans le service. » On ne sait alors pas si vous voulez dire « Je pense qu'avoir de nouveaux ordinateurs améliorerait la productivité dans le service », ou « Je sens que je pourrais travailler beaucoup mieux si j'avais un ordinateur plus rapide », ou tout autre chose. Cette phrase laisse croire aux autres que vous n'avez pas vraiment de position sur le sujet et que vous ne fondez votre affirmation sur rien de précis. Les deux derniers énoncés, toutefois, indiquent clairement comment vous pensez que la productivité peut être améliorée ou comment vous pourriez être plus productif. Ils ne laissent place à aucune confusion quant à votre position et indiquent que vous vous basez sur des connaissances ou expériences passées. En même temps, ils ouvrent aux autres la possibilité d'exprimer leurs pensées et leurs idées sur le sujet, alors que votre première phrase ne le permet pas.

Disons que vous vous y prenez d'une autre façon : «Tout le monde croit que la productivité est en baisse parce que les ordinateurs sont trop lents.» Vous choqueriez alors probablement vos collègues puisque vous ne tenez pas compte du fait que quelqu'un puisse être en désaccord avec vous et ne laissez à personne d'autre la possibilité d'exprimer ce qu'il pense. En outre, vous mettez en doute votre crédibilité : comment pouvez-vous savoir ce que tout le monde croit ? Sur quoi vous basez-vous ?

Lorsque vous acceptez le fait que vous êtes maître de ce que vous dites, vous vous dites essentiellement que vos énoncés sont valables. Vous pouvez ainsi les formuler en toute confiance, puisque vous êtes en position de force. À mesure que vous apprenez comment vous y prendre pour formuler vos énoncés, vous devenez de plus en plus maître de vos énoncés de révélation de soi. Vous devez garder à l'esprit qu'il est utile de formuler ces énoncés puisqu'ils sont véridiques pour vous, mais sachez écouter ce que les autres ont à dire.

4.2.2 Décrire ce que les sens perçoivent

Dans le premier chapitre, nous avons appris que nos sens sont à la source de toutes les données que nous obtenons du monde. Voyons comment utiliser ces données pour appuyer nos énoncés de révélation de soi. Ainsi, l'autre personne peut voir la situation de notre point de vue et comprendre comment nous en sommes venus à formuler notre énoncé.

Supposons que vous dites à votre patron : «Je crois que vous n'étiez pas très content de ma présentation.» Mais disons que votre patron en était content. Il lui faut alors exactement savoir pourquoi vous pensez cela. Vous pourriez dire : «Eh bien, lorsque j'ai fait ma présentation, vous n'avez posé aucune question, vous aviez un sourire narquois et je vous ai vu regarder votre montre à plusieurs reprises.» Votre patron vous réplique alors : «J'étais silencieux parce que je trouvais que tu faisais vraiment du bon travail et tu as répondu à toutes les questions que j'aurais pu avoir. J'étais très content que tu sois aussi bien préparé, et c'est sans doute pourquoi je souriais. Je regardais souvent l'heure parce que ma fille est malade et je devais appeler le médecin avant 14 heures.»

En énonçant ce que vos sens perçoivent pour montrer à votre patron comment vous en êtes arrivé à votre conclusion, vous lui donnez la possibilité de **clarifier le malentendu**. Si vous lui faites part seulement du fait que vous croyez qu'il n'est pas content de votre présentation, il pourra répondre «Oui, j'étais très content»; vous n'aurez alors acquis aucune certitude et ne disposerez d'aucun indice pour comprendre comment vous pouvez avoir si mal interprété sa réaction. De son côté, votre patron sera peut-être perplexe d'avoir été aussi mal perçu. Ainsi, votre énoncé vous permet non seulement d'éclaircir un malentendu dans une situation précise, mais de mieux comprendre ce qui peut se passer à l'avenir.

En vous servant de vos sens pour formuler votre révélation, vous repoussez les arguments parce que vous montrez clairement que vous ne parlez pas dans le vide, mais que vous enregistrez et interprétez seulement des **données**. La façon intelligente sur le plan émotionnel d'utiliser vos sens ne sert pas à prouver votre point de vue ou à vous donner raison, parce que rappelez-vous que les autres aussi ont droit à leurs propres interprétations, mais à **expliquer** comment vous en êtes arrivé à votre interprétation. Agir ainsi donne la possibilité à l'autre personne de clarifier toute mauvaise perception.

4.2.3 Formuler des interprétations

Les interprétations révèlent ce que vous pensez ou croyez à un certain moment: «Je pense qu'il est temps de partir.» «Je ne pensais pas que tu serais intéressé.» «Je crois que tu as fait cela par exprès.» Ils sous-entendent que vous avez tenu compte de certaines données avant de formuler ce que vous dites: «Il est 15 heures et nous avons un autre rendez-vous à 16 heures.» «Dans le passé, voir mes plans hebdomadaires ne t'a jamais intéressé.» «Tu as dit au client que je devais m'occuper de trois autres causes, ce qui ne peut que lui avoir fait croire que je ne pouvais m'occuper de celle-ci.»

Supposons toutefois que de nouvelles données entrent en ligne de compte: «La rencontre a été reportée à 17 heures.» «Je ne savais pas que tu révisais toujours les plans de Pierre.» «Je n'étais pas au courant que tu avais dit au client que je pouvais parfaitement m'occuper de plusieurs clients à la fois.» Vous corrigeriez évidemment vos interprétations : «J'imagine qu'il n'est pas nécessaire de partir tout de suite.» «Je peux certainement comprendre que tu puisses t'intéresser à mes plans hebdomadaires.» «Je vois maintenant que tu essayais d'améliorer ma relation avec le client.»

En formulant vos interprétations («Je ne pensais pas que tu serais intéressé»), vous suggérez que votre interprétation est sujette à révision ; ainsi, la personne qui vous écoute ne se sent pas confinée dans votre certitude. Pensez à la façon dont votre patron aurait réagi si vous lui aviez plutôt dit : «Vous n'êtes pas intéressé à mes plans hebdomadaires.» Vous auriez pu en venir à un «Oui, je le suis» et un «Non, vous ne l'êtes pas», ce qui ne mène la communication nulle part et laisse chacun avec un sentiment de frustration.

Comme dans la description de vos perceptions sensorielles, plus vous fournissez d'information, plus il est facile pour l'autre personne de voir comment vous en êtes arrivé à votre interprétation et de vous aider à la corriger s'il y a lieu. Vous pouvez renforcer vos interprétations avec des perceptions sensorielles : «Je ne t'ai jamais vu examiner les plans hebdomadaires de quiconque.» «Je t'ai entendu dire au client que je m'occupais actuellement de quatre autres projets.» Soyez ouvert et courtois lorsque vous obtenez de nouveaux renseignements : «J'imagine que je n'ai pas entendu toute la conversation que tu avais avec le client. Le fait de leur dire qu'il est facile pour moi de m'occuper des quatre autres clients a dû les rassurer considérablement.»

4.2.4 Exprimer ses sentiments

Comme nous l'avons appris dans le premier chapitre, il est important de vous mettre à l'écoute de vos sentiments parce qu'ils vous indiquent votre degré de confort dans une situation donnée et vous permettent de comprendre vos réactions. C'est la même chose lorsque vous les révélez aux autres : vos sentiments fournissent de l'information sur votre degré de confort et les raisons de vos réactions. L'autre personne a ainsi une meilleure idée de la situation et peut suggérer des idées permettant de la corriger.

Supposons que votre patron a réduit d'une semaine votre calendrier de production. Vous faites de nombreuses heures supplémentaires, vous voyez à peine votre famille et vous ne dormez pas assez. Vous lui dites : «Je me sens vraiment exténué à cause de toutes les heures supplémentaire que je dois faire.» Vous énoncez ainsi tout à fait ce que vous ressentez. «La semaine dernière, je ne suis jamais arrivé chez moi avant 22 heures et j'ai travaillé au cours de la fin de semaine.» C'est là une bonne justification. «Je me sens triste de si peu voir mes enfants et frustré par le fait que nous ne réussirons peut-être pas à respecter l'échéancier.» Vous exprimez clairement vos sentiments.

Vous transmettez ainsi à votre patron une foule de renseignements utiles. Vous lui montrez pourquoi il est difficile pour vous d'affronter cette surcharge de travail, ce qui lui permet de comprendre pourquoi vous vous êtes emporté contre certains de vos collègues, pourquoi vous avez été impatient avec eux et pourquoi il vous a surpris en train de somnoler au cours d'une réunion. S'il ne peut pas changer la situation, au moins il peut comprendre de quelle façon cela vous touche et vous pouvez espérer avoir sa sympathie.

En règle générale, nous nous sommes fait conseiller de laisser nos émotions à la maison parce qu'elles n'ont pas leur place au bureau ; on nous a dit qu'elles ne peuvent que causer des problèmes. En effet, dans l'exemple ci-dessus, votre patron aurait bien pu vous répondre : «Eh bien, si tu ne peux faire face à la situation, tu devrais peut-être te trouver un autre emploi.» Cependant, si votre patron est une personne intelligente sur le plan émotionnel (le genre de patron que nous voudrions tous avoir), il pourrait reconnaître que vous faites face à une situation extrêmement difficile, que vous êtes venu le rencontrer pour lui faire part de vos préoccupations et vérifier s'il y avait moyen d'alléger votre tâche, et il prendrait ce que vous lui révélez au sérieux. Mais, comme nous le savons, les patrons n'ont pas tous développé leur intelligence émotionnelle. Par ailleurs, il y a un certain

risque à révéler vos sentiments, surtout si vous ne vous y prenez pas de la bonne manière, comme vous le verrez dans l'exemple suivant.

Supposons qu'au lieu d'aborder votre patron comme nous venons de le mentionner, vous entrez brusquement dans son bureau et lui lancez: «Je suis furieux que nous ayons dû réduire d'une semaine le calendrier de production. Ce n'est pas juste. Qu'est-ce que vous attendez de nous?» Votre patron, peu importent ses raisons, se sent alors attaqué, voire blessé. Il considère sans doute que vous êtes trop émotif, incapable de surmonter votre stress et qu'il est difficile de travailler avec vous. Il se mettra probablement en colère, une émotion qui ne permet aucunement de résoudre un problème avec succès.

Dans le premier exemple, la situation a été réglée de manière intelligente sur le plan émotionnel, mais pas dans le second. Pour révéler ce que vous ressentez de manière intelligente sur le plan émotionnel, vous devez vous mettre à l'écoute de vos sentiments, les communiquer fidèlement et faire preuve de sensibilité à l'égard de l'autre personne.

Se mettre à l'écoute de ses sentiments

Avant de pouvoir faire connaître vos sentiments à une autre personne, vous devez les connaître **vous-même**. Dans le premier chapitre, nous avons expliqué que c'était très difficile parce que nous déguisons souvent nos émotions (vous semblez furieux contre votre patron, mais en réalité vous vous sentez exténué et frustré) ou nous les dissimulons (vous prétendez que tout va bien et que vous pouvez faire face à la surcharge de travail, mais vous devenez irritable avec vos collègues). Relisez le premier chapitre pour vous rappeler comment vous mettre à l'écoute de vos sentiments (par exemple, portez attention aux changements physiologiques et à vos comportements).

Communiquer fidèlement ses sentiments

Même après vous être mis à l'écoute de vos sentiments, vous pouvez éprouver de la difficulté à les révéler, et ce, par peur des conséquences, parce que vous êtes mal à l'aise avec la vulnérabilité qui s'ensuit ou à cause de l'aspect inconnu du processus. Il est possible de réduire la peur et la vulnérabilité en faisant preuve de sensibilité, et, par conséquent, d'atténuer les effets négatifs. Je le répète : pour communiquer fidèlement vos sentiments, vous devez d'abord les connaître. Vous en dressez ensuite la liste, en utilisant les énoncés « Je me sens » :

- « Je me sens exténué par la quantité d'heures supplémentaires que j'ai dû faire. »
- « Je me sens triste de ne plus voir mes enfants. »
- « Je me sens déprimé parce que je ne réussis pas à venir à bout de mon travail. »
- « Je me sens craintif à l'idée de ne pas pouvoir respecter l'échéance. »
- « Je me sens frustré parce qu'il faut tellement de temps pour tout faire. »

Vous ne mentionnerez sans doute pas tous ces sentiments à votre patron parce que vous ne voulez pas tout révéler de vous-même. D'ailleurs, si vous lui révéliez le tout, il pourrait peut-être ne pas saisir grand-chose et vous considérer comme une personne qui se plaint tout le temps. Vous choisissez donc les aspects à lui révéler pour lui faire comprendre comment vous réagissez à la situation et comment l'améliorer si possible.

Vous pourriez commencer ainsi : « Je me sens exténué par la quantité d'heures supplémentaires que j'ai dû faire. » Il est facile de comprendre que vous puissiez être exténué si vous avez travaillé plus que d'habitude. Vous sentir triste de ne pas voir vos enfants est un autre énoncé que vous pouvez formuler parce que cela permet à votre patron de se rendre compte que votre vie personnelle est perturbée. Vous sentir déprimé n'est pas un bon sentiment à exprimer parce que celui-ci laisse entendre que vous ne pouvez supporter le stress. Il serait raisonnable d'être *effrayé* par le fait de ne pouvoir respecter l'échéance, mais le terme *craintif* rendrait peut-être mieux l'émotion ressentie. Quant au dernier énoncé, il n'est pas bon de le formuler parce que vous ne voulez pas faire savoir à votre patron qu'il faut autant de temps pour effectuer le travail.

Gardez à l'esprit que vous pouvez communiquer des sentiments autrement que verbalement, sans parfois même vous en rendre compte. Supposons que votre patron entre dans votre bureau et vous demande d'accomplir de nouvelles tâches. Vos épaules s'affaissent alors, vous vous affalez dans votre fauteuil, votre bouche se fige et vous baissez les yeux. Vous indiquez ainsi que vous vous sentez abattu et démoralisé. Ou vous réagissez en vous mettant les mains sur les hanches et en le regardant droit dans les yeux comme pour le défier : «Je ne ferai rien de plus!» Vous pourriez aussi, dans chaque cas, lui répondre «D'accord», mais si ce mot entre en conflit avec ce que vous ressentez (l'abattement), votre langage corporel pourrait vous trahir. Par ailleurs, vous pourriez vouloir révéler à votre patron ce que vous ressentez : «Je me sens déjà exténué et frustré par tout ce que j'ai à faire. Y aurait-il une autre personne à qui vous pourriez demander d'accomplir ce travail?»

Faire preuve de sensibilité à l'égard de l'autre personne

Les émotions peuvent être très intenses. Pensez à la colère qui vous envahit parfois et qui vous donne l'impression que vous allez éclater. Nous vivons souvent assez intensément nos émotions, tout comme les personnes à qui nous les communiquons. Comme vous ne voulez pas que vos émotions les troublent, vous devez faire preuve de sensibilité pour découvrir comment elles se manifestent.

Disons que vous commencez à mentionner à votre patron comment vous vous sentez par rapport à la surcharge de travail et qu'il fait de gros yeux en ayant l'air exaspéré comme s'il allait dire : «J'en ai suffisamment entendu.» Peut-être que d'autres personnes lui ont dit qu'elles n'en pouvaient plus et qu'il se sent frustré et exaspéré parce qu'il ne peut rien changer à la situation. Ce n'est pas le bon moment pour lui parler de ce que vous ressentez. Vous vous arrêteriez alors en lui disant peut-être : «Cela ne semble pas être le bon moment pour parler de ce problème.»

En plus du bon moment, il faut choisir l'endroit approprié. L'ascenseur n'est pas un bon endroit pour attraper un collègue et lui dire : «Je suis vraiment furieux chaque fois que tu utilises mon ordinateur sans m'indiquer les documents dans lesquels tu as fait des modifications.» C'est un endroit où tout le monde se croise et qui ne convient pas à une discussion sérieuse. Demandez plutôt à votre collègue de le rencontrer quelques minutes dans son bureau ou le vôtre ou à la cafétéria si l'endroit permet une discussion privée.

Au début de cette section, j'ai mentionné qu'il est souvent utile de révéler nos sentiments parce qu'ainsi l'autre personne obtient de l'information importante. Vous ne pouvez toutefois espérer voir l'autre personne changer ou apporter des changements à la suite de votre ouverture à son égard. Même après avoir dit à un collègue que cela vous blessait qu'il ne vous ait pas demandé de participer à un nouveau projet, après en avoir discuté pendant des jours, vous ne pouvez l'obliger à s'excuser ni à vous intégrer au projet en question ou à tout autre à l'avenir. Votre collègue peut le faire, mais vous ne devez avoir aucune attente. Vous ne pouvez que vous mettre à l'écoute de vos sentiments, les révéler fidèlement et faire preuve de sensibilité.

4.2.5 Déclarer ses intentions

En déclarant vos intentions, vous laissez savoir à l'autre personne ce que vous désirez. Quand vous avez clarifié ce que vous voulez (en prenant en considération, bien sûr, ce que veut aussi l'autre personne), il est plus facile d'adopter la stratégie vous permettant d'y parvenir. Les énoncés décrivant les intentions commencent en général par « Je veux », « J'aimerais » ou « Je souhaite ».

Disons que vous aimeriez diriger un nouveau projet qu'on a proposé au cours d'une réunion. Pour le faire savoir à votre patron, vous devez lui dire : « J'aimerais vraiment m'occuper de la campagne de publicité des Productions Pacific. » (Intention clairement formulée.) « Vous ne le savez peut-être pas, mais dans mon dernier emploi j'ai préparé de la publicité pour leur principal concurrent, alors je connais bien les enjeux. » (Bon appui.) « Vous avez peut-être déjà quelqu'un en tête, mais si ce n'est pas le cas, j'aimerais que vous pensiez à moi. » (Sensibilité à l'égard des intentions possibles du patron.)

Il est important de déclarer directement vos intentions pour que la façon de les réaliser soit **claire**. Il vous faut aussi choisir judicieusement ce que vous révélez. Dans le premier chapitre, qui traitait de la conscience de soi, nous avons vu qu'apprendre à connaître nos intentions exige de notre part de faire la différence entre notre **désir apparent** et notre **plan caché**. En général, vous ne voulez pas révéler votre plan. Reprenons l'exemple précédent et disons que vous voulez diriger la campagne de publicité des Productions Pacific parce qu'un jour vous voudriez occuper un emploi dans cette entreprise. Si votre patron avait le malheur de connaître votre intention, il pourrait voir immédiatement à vous remplacer.

Votre intelligence émotionnelle vous permet de comprendre quelles sont vraiment vos intentions, de vérifier lesquelles il vaut mieux divulguer et lesquelles il est préférable de garder pour vous, puis de faire preuve de sensibilité en les communiquant.

Lorsque vous faites preuve de sensibilité, vous pouvez tenir compte des intentions de l'autre personne et les inclure dans votre plan d'action. Dans le cas de la campagne de publicité, vous reconnaissez que les intentions de votre patron peuvent être différentes des vôtres, c'est-à-dire qu'il peut avoir quelqu'un d'autre en tête pour diriger la campagne. Si c'est le cas, vous pourriez dire: «Pourrions-nous diriger la campagne ensemble?» Vous poursuivez ainsi votre objectif, mais vous faites une adaptation pour y parvenir.

Lorsque vous faites preuve de sensibilité, vous ne cherchez pas à utiliser vos intentions pour influencer ou contrôler qui que ce soit et formuler des ordres sans réplique: «Marc, je veux que tu appelles le client et que tu lui dises que les spécifications que nous lui avons fournies sont basées sur les chiffres de l'année dernière.» Si votre intention est de voir votre client accepter votre offre, la meilleure façon de vous y prendre est d'informer le client que vos prix sont les mêmes que ceux de l'an dernier. Marc aurait sans doute préféré que vous formuliez vos intentions comme suit: «Je voudrais juste que le client accepte notre offre sans nous tenir sur la sellette. Je crois que ce serait possible si tu lui rappelais que nos chiffres sont les mêmes que ceux de l'an dernier. Pourrais-tu lui téléphoner, s'il te plaît?»

4.2.6 Expliquer ses actions

Mentionnez que vous avez fait telle ou telle chose et expliquez pourquoi vous l'avez faite ou la ferez. La personne obtient ainsi des renseignements qu'elle pourrait ne pas avoir autrement.

Par exemple, disons que vous êtes en réunion avec un consultant qui vous présente ses suggestions concernant la réorganisation de votre entreprise et que vous êtes silencieux et regardez par la fenêtre. Le consultant peut penser que vous ne vous intéressez pas à ce qu'il dit ou que vous avez autre chose de plus important en tête. En réalité, vous réfléchissez à ce qu'il vient de mentionner et vous vous demandez comment vous pourriez mettre en place certaines de ses recommandations. En expliquant ce que vous faites — «Je réfléchis à ce que tu as dit» —, vous clarifiez la situation et épargnez au consultant le désarroi de penser qu'il n'a pas bien fait son travail.

Dans le contexte de l'intelligence émotionnelle, expliquer ce que vous faites est particulièrement important parce que les autres se rendent compte que vous êtes conscient de la **façon** dont ils peuvent percevoir vos gestes, ou votre inaction apparente, et des conséquences d'une mauvaise perception sur eux.

Pour expliquer de manière efficace ce que vous faites, vous devez d'abord être conscient de ce que vous faites. Vous voudrez peut-être revoir la section 1.3.5 («Porter attention à ses gestes») pour en être plus facilement conscient. Vous devez ensuite être conscient des conséquences possibles de vos gestes. Pour ce faire, vous devez vous mettre à la place de l'autre personne: «Je croirais sûrement que Philippe s'ennuie si je le voyais regarder par la fenêtre pendant que je fais ma présentation.»

4.3 L'affirmation

L'affirmation est la capacité d'exprimer ses opinions, ses idées, ses croyances et ses désirs tout en respectant ceux des autres. Au contraire de l'agressivité, qui ne tient pas compte des besoins d'autrui, et de la passivité, qui vous fait mettre de côté vos propres besoins,

l'affirmation est la façon intelligente sur le plan émotionnel de satisfaire vos besoins.

4.3.1 S'affirmer par les paroles et le langage corporel

Vous vous affirmez à la fois au moyen de mots que vous utilisez et
des messages qu'envoie votre corps. Voyons le scénario suivant, dans
lequel votre patron vous demande pour la troisième fois de travailler
le week-end prochain.

Vous : Je suis désolé, mais je ne peux travailler le week-end
prochain. Comme je vous l'ai dit il y a trois semaines
et répété la semaine dernière, ma famille a organisé
un voyage à l'extérieur de la ville. Puisque j'ai travaillé
les deux derniers week-ends, cela me semble
raisonnable d'être avec ma famille samedi et
dimanche.

Votre patron : Nous aimerions tous pouvoir planifier certaines
choses, mais il faut terminer cette publicité à temps.

Vous : Je sais qu'elle doit être terminée à temps, et c'est
pourquoi je travaille autant. Mais je ne pourrai travailler ce week-end.

Votre patron : Je sais que tu réussiras à venir travailler ce week-end,
comme tu l'as toujours fait dans le passé.

Vous : Je commence à me sentir frustré parce que je crois
que vous n'écoutez pas ce que je vous dis. Je ne travaillerai pas le week-end prochain.

Votre patron : Pourquoi ne peux-tu pas travailler ce week-end, alors
que ce serait si important pour le projet, et prendre
plutôt congé le week-end suivant ?

Vous : Parce que je ne peux modifier les projets de toute ma
famille. J'ai besoin de temps avec ma famille pour
refaire le plein d'énergie et pouvoir travailler encore
plus sur la campagne de publicité la semaine
prochaine. Croyez-moi, je sais qu'il est très important
que nous fassions un succès de cette campagne. Après

mon week-end, je serai en forme et je pourrai travailler tard chaque soir ; je travaillerai aussi le week-end suivant si la campagne n'est pas terminée. Je ne vous laisserai pas tomber.

Votre patron : D'accord, ça me va.

Ce dialogue est un exemple d'une bonne affirmation. Voyons comment vous pouvez apprendre à vous en servir judicieusement.

AFFIRMEZ-VOUS EFFICACEMENT

1. *Justifiez votre position en rappelant les faits utiles.* Vous avez déjà dit à deux reprises à votre patron que vous ne pouviez travailler le week-end. Il est donc important de lui mentionner que vous l'avez amplement averti de ce fait. Il est aussi important de lui rappeler que vous avez travaillé les deux derniers week-ends. L'autre personne a parfois besoin de connaître les motifs justifiant votre position.

2. *Reconnaissez que vous comprenez la préoccupation de l'autre personne.* En disant à votre patron que vous savez qu'il est important de terminer la publicité à temps et que celle-ci doit réussir, vous lui montrez que vous tenez compte de ses besoins, mais que vous avez des idées différentes quant à la façon d'y parvenir.

3. *Répétez quelle est votre position.* Votre patron manque ici clairement d'intelligence émotionnelle pour résoudre la situation : il cherche à vous imposer sa volonté. Mais vous devez lui montrer que c'est impossible. Répétez-lui exactement quelle est votre position : vous ne travaillerez pas le week-end prochain. Soyez cohérent, mais ne haussez pas le ton.

4. *Énoncez ce que vous ressentez.* Parfois, la répétition ne suffit pas à faire accepter votre position et l'autre personne continue de

vous forcer la main. En mentionnant que vous commencez à vous sentir exaspéré, frustré ou en colère, soit des émotions assez intenses, vous devriez amener votre patron à changer de tactique.

5. *Appuyez votre position.* Vous devez établir ce qui est raisonnable et justifié quant à votre position et ce qui est déraisonnable et insatisfaisant de la position de votre patron. Bien que vous lui ayez déjà expliqué pourquoi vous ne voulez pas travailler le week-end prochain, vous devez le lui répéter. Votre patron n'a pas à vous demander de modifier les projets de votre famille.

6. *Cherchez un compromis.* Vous devez tous deux être satisfaits de la solution trouvée. Ne revenez pas sur votre position, mais offrez quelque chose à votre patron pour qu'il soit heureux du résultat de la conversation : vous promettez de travailler tard tous les soirs et la fin de semaine suivante, et vous l'assurez que le travail sera encore mieux fait parce que votre week-end de congé vous aura permis de refaire le plein d'énergie.

Par ailleurs, en mettant ces conseils en pratique, vous devez prêter attention aux considérations suivantes : vous devez d'abord être conscient des messages qu'envoie votre corps et ensuite vous ne devez pas tomber dans l'agressivité et la passivité.

4.3.2 Utiliser son langage corporel

Nous avons vu que le langage corporel peut communiquer énormément d'information à une autre personne. Le langage corporel sert aussi à renforcer notre affirmation.

**UTILISEZ LE LANGAGE CORPOREL
AFIN DE RENFORCER VOTRE AFFIRMATION**

1. *Utilisez une posture appropriée.* Restez près de la personne à qui vous parlez, mais pas trop. Elle pourrait se sentir agressée. Faites part de votre détermination: tenez-vous bien droit. Penchez-vous vers la personne en parlant pour communiquer votre désir de la voir accepter votre proposition. Regardez-la droit dans les yeux pour montrer que vous agissez en toute franchise avec elle.

2. *Utilisez une expression faciale appropriée.* Souriez lorsque vous êtes content, froncez les sourcils lorsque vous êtes fâché et plissez le front lorsque vous êtes perplexe.

3. *Gardez le contrôle des inflexions de votre voix.* Il est facile de se mettre à parler fort lorsqu'on se sent frustré ou en colère. Faites tout ce qu'il faut pour parler d'une voix énergique (mais pas imposante), en toute confiance et sans hésiter; vous voulez paraître aussi raisonnable et sûr de vous que possible.

4.3.3 Se mettre à l'écoute des comportements agressifs et passifs

Parfois, malgré nous, nous pouvons devenir agressifs ou passifs. Lorsque nous sommes agressifs, nous élevons la voix et tentons d'intimider et de dénigrer l'autre personne. Si vous notez certains de ces comportements, mettez-y fin et revoyez les conseils portant sur l'utilisation judicieuse de l'affirmation.

La passivité, qui permet à l'autre d'obtenir ce qu'il veut, peut vous rendre furieux, frustré ou amer. Vous ne réussissez alors pas à vous affirmer. Vous pouvez penser «Oh, aussi bien laisser gagner mon patron en ce qui concerne cette fin de semaine de travail. Ensuite, il m'aimera davantage.» En réalité, si vous suivez tous les conseils portant sur l'affirmation, votre patron ne se sentira pas «vaincu»; il trouvera plutôt que vous avez fait preuve d'**habileté** en réussissant à mener la conversation vers une solution mutuellement acceptable.

4.4 L'écoute active

L'ouïe est un sens que la majorité d'entre nous possédons à la naissance. L'écoute est une habileté que nous devons **développer**. L'écoute active est une mise en pratique de l'intelligence émotionnelle. Elle apporte un degré élevé de conscience de soi dans le processus qui permet de comprendre et de reconnaître ce que fait l'autre personne, et d'y réagir. La conscience de soi nous permet de nous rendre compte comment nous laissons des filtres individuels retenir ou modifier l'information que nous devrions recevoir et, par le fait même, nous empêcher de percevoir ce que dit réellement une personne. Dans cette section, nous apprendrons comment prendre conscience de ces filtres individuels et les éliminer le plus possible et comment nous mettre à l'écoute de ce que dit réellement notre interlocuteur.

4.4.1 Prendre conscience des filtres individuels

Nos pensées, nos idées et nos sentiments produisent généralement ces filtres. Ces derniers influent sur la quantité et le type d'information que nous entendons. Il existe quatre sortes différentes de filtres: nos prédispositions personnelles, nos préjugés à l'égard de quelqu'un, les faits qui cachent des émotions et les pensées vagabondes.

Les prédispositions personnelles
Particulièrement dans les situations qui engendrent anxiété et colère, nous avons tendance à n'écouter que ce que nous voulons bien entendre. Dans certains cas, nous n'entendons que ce que la personne a de bon à dire. Dans d'autres cas, nous n'entendons que ce qui est négatif parce que, allez donc savoir pourquoi, nous voulons que la situation soit encore pire qu'elle ne l'est réellement.

Disons que vous êtes une de ces personnes qui voient toujours les choses en noir; le rôle de victime vous convient peut-être. Après une réunion avec un client, votre patron vous dit : « Je n'arrive pas à comprendre pourquoi tu as révélé nos honoraires au client alors que j'avais bien mentionné que c'était moi qui devais le faire. En ce qui me concerne, tu as fait preuve d'insubordination et d'insensibilité. À moins d'avoir une bonne explication à me fournir, tu ne t'occupes plus de ce client. »

Le patron vous laisse la possibilité de continuer de vous occuper de ce client. Vous avez une bonne explication : vous connaissez bien le client et vous savez qu'il aime avoir les chiffres en main dès que possible. Votre patron est un homme raisonnable. Mais comme dans des situations semblables vous n'entendez que les commentaires menaçants et négatifs, vous entendez maintenant votre patron vous retirer ce client, ce qui signifie peut-être que vous n'avez plus d'emploi.

Voici comment éliminer ce filtre, que vous ayez tendance à n'entendre que le bon *ou* le mauvais côté des choses. Après la rencontre avec votre patron, vous allez dans votre bureau et écrivez tout ce qu'il a dit. Vous essayez de vous rappeler le plus exactement possible toute la conversation. Vous notez toutes les impressions que vous avez eues sur le coup : « Il avait l'air furieux » ou « Il semblait démontrer de la compassion ». En repassant la conversation, pourvu que vous ayez noté ce qui a été vraiment dit, vous obtenez un meilleur portrait de la communication. Ensuite, tenez compte de ce que vous connaissez de votre patron : il a tendance à se mettre rapidement en colère et à prendre des décisions sans réfléchir ; il déteste qu'on lui résiste ; il donne à ses employés une seconde chance et c'est une personne plutôt raisonnable.

Après avoir rassemblé toute cette information, vous vous rendrez sans doute compte que vous pouvez probablement arranger les choses avec votre patron.

Les préjugés à l'égard de quelqu'un

Ce filtre nous empêche d'entendre le message envoyé parce que nous accordons trop d'importance à la personne qui le formule. Ce que nous connaissons ou croyons connaître de la personne qui parle nous empêche d'entendre ce qu'elle dit vraiment. Supposons que votre patron est un homme raisonnable, compréhensif et pouvant démontrer de la compassion. Reprenons la situation de la conversation sur les honoraires avec le client. Votre patron vous dit : «C'est la troisième fois que je t'explique avant une réunion avec un client comment je veux m'y prendre et tu n'en fais qu'à ta tête. C'est vraiment inacceptable. Tu as fait preuve d'insubordination et tu m'as manqué de respect. C'était ton dernier avertissement. Tu es congédié.»

Parce que vous savez que votre patron est un être compréhensif et qu'il ne vous a pas congédié les deux premières fois, vous l'entendez vous dire que vous avez une autre chance, que c'est votre dernier avertissement et que si vous ne collaborez pas la prochaine fois vous serez congédié. Mais ce qu'il vous mentionne vraiment, c'est qu'il ne vous accorde pas d'autre chance. Vous êtes congédié.

La phrase cruciale est «Tu es congédié.» Cependant, tout ce que vous croyez savoir sur votre patron vous empêche de l'entendre. Vous pensez que c'est un homme tellement bon qu'il ne vous mettrait pas à la porte.

Comme dans le cas des prédispositions personnelles, vous pouvez noter toute la conversation en vous demandant : «A-t-il mentionné autre chose?» Espérons que vous vous rappellerez qu'il a dit : «Tu es congédié.» C'est un message très clair et lorsque vous vous en souviendrez vous n'aurez aucune difficulté à l'interpréter.

Ce filtre des préjugés à l'égard de quelqu'un est particulièrement actif dans les situations se produisant avec des gens avec qui nous avons déjà eu des expériences négatives ou de qui nous avons entendu dire du mal. Supposons que vous travaillez avec un collègue qu'on dit incompétent, peu renseigné et toujours mal préparé. Il vient vous expliquer ses idées sur la planification fiscale d'un client. Vous écoutez à peine ses suggestions parce que vous vous dites que vous vous en occuperez seul et que vous élaborerez le programme. Votre état d'esprit («Cette personne est idiote») découle de ce que vous avez entendu et, en cours de route, vous en êtes venu à ne rien entendre de bon de ce que cette personne peut avoir à dire.

Dans des situations où vous avez un fort préjugé au sujet d'une personne en particulier, dites-vous avant de la rencontrer que vous prêterez attention à tout ce qu'elle dit et que vous aborderez les choses en toute franchise et impartialité. Vous voudrez sans doute prendre des notes au cours de la rencontre, puisque vous savez que vous aurez tendance à rejeter ses idées.

Les faits qui cachent des émotions

Parfois, vous ne pouvez qu'entendre des faits; vous oubliez les messages émotifs. Tout au long de ce livre, nous avons appris l'importance de nous mettre à l'écoute de nos émotions et de celles des autres. En entendant seulement les faits, on peut facilement laisser échapper certains renseignements précieux que transmettent les émotions.

Reprenons l'exemple du calendrier de production qu'il faut réduire. Un employé vient vous dire: «Je sais à quel point il est important de respecter la nouvelle échéance. Tu sais que j'ai toujours travaillé très fort et respecté tous mes échéanciers. D'ailleurs, je me sens exténué par toutes les heures supplémentaires que j'ai faites. Je deviens irritable avec les gens parce que je ne dors pas suffisamment. Et je suis bien triste de voir si peu mes enfants. Et j'ai peur que nous ne puissions pas respecter cette échéance.»

En présence de ce filtre des faits, vous lui dites: «Eh bien, tu sais que nous devons respecter l'échéance, alors continue de travailler fort et sois plus agréable avec tes collègues.» Vous entendez seulement les faits que mentionne l'employé («Je sais qu'il est important de respecter l'échéance, je travaille fort, je suis irritable»), et non sa **détresse**. En vous faisant part de sa détresse, l'employé plaide pourtant en faveur d'une résolution de problèmes (dans l'espoir que vous lui direz: «Voyons comment nous pouvons améliorer la situation») ou, du moins, il cherche une certaine compréhension ou sympathie de votre part («Je sais que ce doit être pénible pour toi et j'apprécie tous les efforts que tu fais. Mais je ne vois pas comment changer la situation.»).

En n'étant pas à l'écoute des émotions que vous transmet votre employé, vous ratez l'occasion de réagir de la meilleure façon possible. Pour éliminer ce filtre, utilisez ce que vous savez des énoncés portant sur les sentiments. Lorsque quelqu'un les utilise, prenez note de l'émotion exprimée. Il peut aussi être utile de noter sur papier ce que vous a dit votre employé pour vous rendre compte qu'il se sent frustré, triste et craintif.

Les pensées vagabondes

Je suis certain que vous vous êtes déjà trouvé dans une réunion où à un certain moment votre esprit s'est égaré : vous pensiez à ce que vous alliez manger pour le lunch, aux appels que vous feriez après la réunion, à l'affreux nœud papillon de Normand, à la conférence de la semaine suivante. Différentes choses peuvent provoquer ce genre d'égarement : la personne parle trop lentement et nous enregistrons ce qu'elle dit plus vite qu'elle ne le dit, ou bien la personne est ennuyeuse et parle toujours sur le même ton, ou bien nous avons simplement de la difficulté à nous concentrer. Quelle qu'en soit la raison, un esprit vagabond peut laisser passer plus de choses que tous les autres filtres réunis.

Prendre des notes vous aide à vous concentrer sur le message et à y prêter attention ; sinon, vous pourrez tout de même vous reporter aux notes que vous aurez prises. Vous pouvez aussi utiliser la réponse de relaxation conditionnée pour rester calme et prêter attention à la personne qui parle. Si vous êtes encore incapable de vous concentrer, expliquez si possible à l'autre personne que ce n'est pas un bon moment pour vous rencontrer et fixez un autre rendez-vous dans un avenir immédiat. Il vous sera alors plus facile d'être attentif.

Dans les sections précédentes, nous avons vu que nous pouvons contrecarrer les filtres en prenant des notes, en nous mettant à l'écoute des énoncés portant sur les sentiments et en étant impartial à l'égard de notre interlocuteur. Vous trouverez ci-dessous d'autres moyens pour apprendre à écouter de façon dynamique.

APPRENEZ À ÉCOUTER DE FAÇON DYNAMIQUE

1. *Résumez ce qu'a dit votre interlocuteur.* De cette façon, vous clarifiez ce qu'il voulait vous faire comprendre. Vous écrivez dans vos propres mots ce que vous avez entendu et en reflétant votre résumé à votre interlocuteur, vous lui donnez la chance de corriger tout malentendu. Le dialogue suivant est un bon exemple.

   Le superviseur: Parfois, je pense que nous devrions offrir aux employés plus d'occasions d'exprimer leurs frustrations et leurs tensions. Cela nous aiderait peut-être à comprendre pourquoi leur moral est si bas.

   Le directeur: Tu veux dire que certains employés ont besoin de se défouler et que ça les aiderait à mieux se sentir et à travailler plus fort?

   Le superviseur: Oui, mais il ne s'agit pas juste de les laisser se défouler. Parfois, le travail devient stressant, et les employés ont besoin d'une sorte de tribune où ils pourraient s'exprimer sans crainte des répercussions.

   Le directeur: Une sorte d'endroit où ils se sentent en sécurité pour partager certaines préoccupations?

   Le superviseur: C'est ça. C'est exactement ce que je veux dire.

2. Utilisez des expressions comme «Je vois», «Oh, vraiment», «Je voudrais en savoir plus» pour montrer à votre interlocuteur que vous l'écoutez, que vous prêtez attention et que vous êtes sur la même longueur d'onde, car il est important pour lui de le savoir.

3. Reconnaissez ce que l'autre personne ressent avec des énoncés «Je comprends». Dans le cas de l'employé qui se sent exténué parce qu'il doit travailler dur pour respecter l'échéance, vous pourriez réagir à son énoncé en disant: «Je comprends que tu te sens exténué et que c'est une situation vraiment difficile et malheureuse.» «Je comprends que tu es

vraiment malheureux de si peu voir tes enfants et j'aimerais que nous trouvions le moyen de corriger cela.» «Je comprends que tu as peur de ne pas pouvoir respecter l'échéance.» Ces types d'énoncés vous aident à montrer que vous avez saisi le sentiment exprimé, de telle sorte que l'employé puisse répondre à votre dernier énoncé: «Je n'ai pas vraiment peur, mais je me sens frustré.» Les énoncés «Je comprends» rassurent aussi votre interlocuteur en lui montrant que vous comprenez ce qu'il ressent et que vous vous souciez de lui.

4. Utilisez votre langage corporel (en plus des expressions énoncées au point 2) pour montrer à votre interlocuteur que vous l'écoutez: regardez-le dans les yeux, penchez-vous vers lui et hochez la tête. Il ne faut pas utiliser ces indices non verbaux ni les expressions si vous n'écoutez pas vraiment ou êtes en train de penser à une note de service que vous avez reçue plus tôt. Faire semblant d'écouter est un talent que possèdent certains, mais il ne permet en rien une communication efficace.

4.4.2 Se mettre à l'écoute de l'émotion sous-jacente

Comme nous l'avons mentionné dans plusieurs sections de ce livre, nous avons souvent **de la difficulté à exprimer nos sentiments**. Nous les refoulons, les dissimulons et les étouffons, et nous les transformons même en faits. En tant que personne intelligente sur le plan émotionnel, vous avez la responsabilité d'aller derrière les faits et sous la surface pour découvrir les sentiments exprimés. Cela est particulièrement important lorsqu'une personne vit une expérience pénible.

Supposons qu'un collègue vienne vous voir et vous dise: «Le système est tellement injuste.» Vous pourriez en déduire: «Parce que tu n'as pas eu la promotion?» Mais non seulement c'est une supposition de votre part (il est possible que votre collègue pense que le système est injuste pour une tout autre raison), mais ce n'est pas la réponse qu'il attendait de vous. Il serait préférable de lui répondre: «Tu as l'air contrarié.» Vous montrez ainsi que vous étiez à l'écoute de l'émotion cachée derrière ses paroles, ce pourquoi il est entré en communication avec vous. Il se sentira ensuite plus à l'aise de vous faire part de ses sentiments.

Pour vous mettre à l'écoute des sentiments d'autrui, utilisez les mêmes techniques que celles que vous avez employées pour vous mettre à l'écoute de vos propres sentiments, soit apprendre à reconnaître les manifestations physiques et les comportements: l'expression faciale, le langage corporel, la vitesse d'élocution, le ton de la voix et la couleur du visage (voir le premier chapitre).

Il faut toutefois garder à l'esprit que parfois il n'y a aucune émotion cachée et que le contenu de l'énoncé correspond exactement à ce que la personne veut dire. Supposons qu'un collègue ingénieur vous dise: «Ce concentrateur de réseau est un vrai problème.» Il ne se sent probablement pas découragé mais perplexe; il veut de l'aide précise concernant le problème en question.

4.5 La critique

La critique est comme une pilule amère: elle est habituellement difficile et désagréable à donner ou à recevoir, mais elle est **très utile**. En recevant une critique, vous pouvez devenir plus conscient de la façon dont les autres perçoivent ce que vous faites, changer les comportements qui semblent inadéquats et sortir grandi de l'expérience. En donnant une critique, vous aidez quelqu'un d'autre à faire la même chose. L'entreprise, autant que les individus, profite aussi de la critique.

La critique est difficile à donner et à recevoir parce qu'elle rend le destinataire **vulnérable**. Elle touche tous les aspects de votre travail: la qualité de ce que vous faites; comment vous vous sentez par rapport à votre performance; votre relation avec la personne qui donne ou reçoit la critique (votre patron, un collègue ou un subalterne).

À cause de cette vulnérabilité, les gens sont souvent sur la **défensive** lorsqu'ils reçoivent une critique et c'est pourquoi la personne qui doit donner la critique se sent souvent si inquiète. Votre intelligence émotionnelle est l'outil dont vous devez vous servir pour réussir à bien donner ou à bien recevoir une critique : utilisez votre conscience de soi et de l'autre personne, votre habileté à gérer vos émotions et toutes les habiletés de communication dont nous avons parlé. Dans cette section, nous allons étudier comment rendre la critique fructueuse et allons donner des conseils pour l'utiliser judicieusement, que vous soyez la personne qui la donne ou la reçoit.

4.5.1 Donner une critique efficacement

Prenons le scénario suivant : vous avez beaucoup travaillé au plan d'affaires de votre entreprise de graphisme. Votre associé devait le réaliser avec vous, mais il n'a pas assisté aux réunions que vous aviez tous deux organisées et n'a réalisé aucun travail de fond comme il devait le faire. Ce n'est pas par manque de temps parce que vous avez tous deux la même charge de travail. Votre partenaire a fait preuve du même manque de responsabilité apparent lorsque vous avez rédigé une proposition pour un de vos principaux clients. Dans les deux cas, vous avez fait tout le travail. Examinons comment rendre la critique productive.

Reconnaître que donner une critique peut aider les gens

Pour réussir à donner ou à recevoir une critique, il faut reconnaître que celle-ci peut servir à améliorer les choses. En gardant cette idée à l'esprit, vous pouvez voir que la situation pénible a quelque chose de positif pour toutes les personnes concernées. De cette façon, vous réduisez la vulnérabilité de la personne qui reçoit la critique et l'anxiété de celle qui la formule.

Vérifier si le moment et l'endroit sont appropriés

Choisissez avec soin le moment et l'endroit où doit avoir lieu la discussion. Vous devez faire preuve de discrétion parce que la critique peut être embarrassante ou humiliante pour la personne qui la reçoit. Il est parfois préférable de choisir un terrain neutre plutôt que votre bureau ou celui de l'autre personne. Si votre entreprise de graphisme dispose d'une salle de conférence, vous pouvez utiliser cet endroit dans la mesure où la pièce ne dispose pas de murs vitrés. Un espace entouré de cloisons qui ne montent pas jusqu'au plafond n'est pas un bon endroit non plus. Tenez compte du confort de la pièce : cela influe sur la **réceptivité**.

Même chose pour le moment choisi. Ne planifiez pas votre rencontre juste avant que la personne voie un client potentiel ou une heure avant qu'elle aille chercher sa fille à la garderie. Au moment choisi, ne formulez pas votre critique si la personne se trouve dans un état émotif vulnérable. Plus la personne se sent calme et détendue, mieux elle pourra entendre ce que vous avez à dire.

Préserver l'estime de soi de l'autre personne

Votre associé sent peut-être qu'il n'a pas tenu sa parole à son égard, au vôtre et à celui de l'entreprise. Il peut se croire incompétent et responsable des lacunes de l'entreprise. Vous voulez donc surtout préserver l'estime de soi de votre associé pour que son travail n'en souffre pas. Vous allez donc éviter de le dénigrer («Tu es un bon à rien. Tu ne sais comment rédiger des rapports. Tu ne peux respecter tes engagements.»). Renforcez plutôt son estime de soi par des énoncés positifs : «Tu es un bon designer. Tu fais un travail sensationnel. Je suis très content de t'avoir comme associé.» De cette façon, l'autre personne peut voir qu'il lui est possible de corriger la situation. Si elle se croit incompétente ou bonne à rien, elle ne pourra probablement pas envisager de solution.

Insister sur l'amélioration

Le but de votre critique est d'amener votre associé à respecter ses futurs engagements. Si vous ne faites que lui répéter qu'il n'a pas réussi, il pensera qu'il ne pourra jamais les respecter. Discutez de la façon dont votre associé doit s'y prendre à l'avenir pour produire les plans et les propositions. De cette façon, il verra que vous le croyez capable de les faire, ce qui le motivera ; il saura aussi que vous allez continuer de travailler ensemble. Une critique orientée sur l'amélioration l'amène à vouloir faire de son mieux, ce qui sert aussi de motivation.

Montrer de l'intérêt

Tout au long de la conversation, vous voulez faire savoir à votre associé que vous vous préoccupez de ce qu'il ressent et de ce qu'il pense. Vous lui parlez avec franchise, comme si vous vouliez veiller à son bien-être. Votre soutien et vos attentions lui montrent que, quelles que soient ses erreurs, vous ne vous détournez pas de lui. Vous êtes là pour l'aider.

Gérer ses propres émotions

Malgré tous vos efforts, les critiques ne se font pas toujours en douceur. Votre associé peut se mettre sur la défensive: «Je n'ai pas rédigé le plan de l'entreprise parce que je n'en avais absolument pas le temps. J'ai trop de projets de conception à réaliser. Je fais tout le reste de mon travail.» Puis, il peut se mettre en colère: «Du reste, pourquoi es-tu sur mon dos? Pour qui te prends-tu?» Ces réponses feront aussi sans aucun doute monter votre colère d'un cran.

Mettez en pratique les techniques de gestion des émotions que vous avez apprises au chapitre 2: vous relaxer, prendre un temps d'arrêt, vous engager dans un dialogue intérieur constructif et apprendre à reconnaître vos comportements.

Le processus de la critique comporte trois phases. Préparez-vous pour chacune afin de tirer le plus d'avantages de tout le processus. Examinez donc ce que vous devez faire *avant* de donner la critique, *pendant* que vous la donnez et *après* l'avoir donnée.

CONSEILS

DONNEZ UNE CRITIQUE EFFICACE

Avant de donner la critique

1. Définissez précisément le comportement à critiquer.
2. Déterminez pourquoi c'est un problème. Signalez les lacunes.
3. Évaluez la meilleure façon de présenter la critique. Utilisez ce que vous connaissez du caractère de l'autre personne afin

d'évaluer comment vous devriez vous y prendre pour formuler votre critique.

4. Dressez une liste des changements à apporter. Déterminez à l'avance ce que vous voulez que l'autre personne corrige de façon à pouvoir lui en faire part au cours de la conversation.

Pendant la critique

1. Indiquez qu'il s'agit de vos perceptions et que celles-ci, bien sûr, sont subjectives.

2. Donnez des exemples précis pour illustrer le problème. Plus vous êtes précis, plus il est facile pour l'autre personne de voir l'étendue du problème et ses différentes manifestations.

3. Tout au long de la conversation, veillez à mentionner des éléments positifs.

4. Reconnaissez la difficulté de la situation. Comme vous ne voulez pas que l'autre personne sente qu'elle a échoué alors qu'il était possible de corriger la situation, montrez que vous comprenez qu'elle puisse faire face à des problèmes.

5. Surveillez son expression faciale, son langage corporel et tout autre indice qui vous indique comment elle réagit à ce que vous dites. Si elle semble perplexe, demandez-lui s'il y a quelque chose qu'elle n'a pas compris. Si elle semble très contrariée ou en colère, utilisez des énoncés «Je comprends» pour montrer que vous êtes à l'écoute de ses émotions. Si elle est très agitée, ce qui peut l'empêcher de saisir ce que vous dites, suggérez alors de penser chacun de votre côté à ce dont vous venez de discuter et de vous rencontrer à nouveau un peu plus tard. Vous vous offrez ainsi un moment de réflexion.

6. Discutez des solutions possibles.

7. Réitérez les avantages dont profitera l'autre personne lorsqu'elle aura effectué les changements qu'elle doit apporter à la situation.

8. Terminez sur une note positive. À la fin de votre conversation, mentionnez comme cela doit être difficile pour elle, dites-lui que le fait de mieux vous comprendre est un avantage et que vous l'appréciez et aimez travailler avec elle.

Après la critique

1. Faites un suivi auprès de l'autre personne. Demandez-lui comment elle se sent, si elle a d'autres questions et s'il y a quelque chose qu'elle ne comprend pas.
2. Évaluez si les changements sont efficaces et si l'autre personne s'en porte bien.

Vous pouvez voir que, pour que la critique soit efficace, vous devez traverser une ligne étroite entre l'expression de vos préoccupations et la façon dont elles affectent l'autre personne. Pour ce faire, comme nous l'avons vu, vous devez vous servir de votre intelligence émotionnelle. Cela est vrai aussi lorsque vous recevez une critique.

4.5.2 Recevoir une critique

Il est difficile de dire s'il est plus désagréable de donner ou de recevoir une critique. Je crois que la plupart des gens trouveront que la donner est plus pénible, mais que la recevoir les rend plus mal à l'aise. Dans ce dernier cas, il vous sera utile de faire appel à vos habiletés d'écoute active, de gérer vos émotions et d'utiliser les techniques d'affirmation.

CONSEILS

RECEVEZ EFFICACEMENT UNE CRITIQUE

1. Pour rendre l'expérience aussi positive que possible, *reconnaissez que vous retirerez quelque chose de la critique.* Si vous savez qu'il y aura un résultat positif, vous serez plus à l'aise et moins craintif. Vous pourrez gérer vos émotions en fonction de votre évaluation positive de la critique.
2. Écoutez attentivement avant de dire quoi que ce soit. Mettez-vous dans la peau de la personne qui formule la critique.

3. Mettez-vous à l'écoute de vos émotions. Vous pouvez en expérimenter un certain nombre : la honte d'avoir laissé tomber votre équipe de travail, la gêne de vous trouver en situation d'échec, la frustration de ne pas avoir réussi, peut-être un peu de peine et de colère. Prenez alors de grandes respirations, voyez si vous avez tendance à déformer votre pensée («Je suis un bon à rien. Pour qui se prend-il?»), et mettez-y fin en engageant un dialogue intérieur constructif («Je me sens contrarié parce que c'est difficile de recevoir une critique, surtout pour une personne aussi perfectionniste que moi. Je vais essayer de bien écouter ce qu'il a à dire et de garder mon calme.»).

4. Prenez la responsabilité de vos actions pour que l'autre personne se rende compte que vous vous comprenez mutuellement (vous reconnaissez qu'il y a un problème) et que vous n'êtes pas sur la défensive.

5. Ne vous mettez pas sur la défensive. Dresser une liste de tous les motifs pour lesquels vous n'avez pas assumé vos responsabilités vous sera utile. Montrez ensuite que vous êtes prêt à tirer une leçon de cette situation et à chercher à vous améliorer.

6. Coupez tout filtre qui vous empêche d'écouter, car, comme nous l'avons vu dans la section sur l'écoute active, les filtres peuvent retenir de l'information importante. Prenez beaucoup de notes pour ne rien manquer.

7. Formulez des énoncés de révélation de soi, puisque vous voulez faire savoir à l'autre personne ce que vous pensez et ressentez.

8. Faites preuve d'affirmation, surtout si la critique est peu justifiée et que vous voulez défendre vos besoins, vos croyances et vos désirs.

9. Faites preuve de sensibilité à l'égard de ce ressent la personne qui formule la critique. Ce que vous dites peut affecter l'autre personne sur le plan émotif, même si c'est elle qui donne la critique.

10. Résumez le message de l'autre personne. Si vous n'êtes pas certain de ce qu'elle a dit, utilisez la technique dont nous avons

parlé dans la section sur l'écoute active. Vous pouvez ainsi tirer au clair tout malentendu.

11. Montrez-vous disposé à changer, puisque c'est vraisemblablement ce que vous voulez tous deux. Vous pourrez ensuite discuter de solutions possibles.

Dans la prochaine section, nous verrons comment tout ce que vous avez appris dans ce chapitre peut vous être utile en situation de groupe, où la dynamique est souvent différente de celle qui existe entre deux personnes.

4.6 La communication de groupe

Le succès d'une équipe, d'un service ou d'un groupe dépend directement de l'efficacité de la communication entre chacun des membres. Nous avons tous assisté à des réunions où il semble exister une sorte de magie : nous pouvons presque sentir de l'électricité dans l'air lorsque les participants partagent leurs idées, révisent leurs suggestions, s'entraident avec joie, proposent des solutions créatives et communes, et partent en trouvant leur service sensationnel et chacun des membres irremplaçable.

Nous avons aussi vu des réunions où une personne contrôle la discussion, les participants démolissent les idées de chacun, la plupart ont peur de dire quoi que ce soit, la discussion ne mène nulle part, rien de bon ne ressort et chacun part en se sentant frustré et isolé.

Ce qui fait probablement la différence, c'est que quelqu'un (ou quelques personnes) emploient leur intelligence émotionnelle pour que la réunion soit positive et fasse avancer les choses. Cette responsabilité est habituellement assumée par le chef d'équipe (le chef de service ou le coordonnateur du groupe), mais elle l'est aussi par chaque individu, puisque c'est cela le travail d'équipe.

Dans des réunions de groupe, vous utilisez votre intelligence émotionnelle pour mettre en pratique et encourager la révélation de soi et l'écoute active, faire de la résolution de problèmes, vous affirmer et formuler des critiques s'il le faut. Il en résulte alors une meilleure communication qui permet au groupe de résoudre les problèmes, de produire des plans efficaces et de mieux comprendre comment travailler efficacement ensemble.

Bon nombre des techniques nécessaires à une communication de groupe efficace sont les mêmes que celles que nous avons apprises pour les rencontres entre deux personnes; elles sont toutefois plus difficiles à mettre en pratique dans une situation de groupe. La révélation de soi est déjà assez difficile lorsqu'on est avec une seule personne; alors, la volonté d'exprimer ce que nous pensons et ressentons lorsque nous sommes en présence de 8 ou 15 personnes ou plus peut disparaître en un clin d'œil. Pourtant, la révélation de soi est peut-être encore plus importante en équipe. En effet, lorsque beaucoup de gens sont présents, il est difficile de relever des indices de ce qu'ils pensent ou ressentent, sauf s'ils l'expriment clairement. Dans cette section, nous allons voir comment favoriser une communication de groupe efficace.

4.6.1 Utiliser et encourager la révélation de soi

Parfois, la meilleure façon d'encourager les autres à faire quelque chose, surtout lorsqu'ils ne se sentent pas à l'aise avec ce que vous voulez leur faire faire, est de le faire vous-même. Donnez-leur l'exemple dans l'espoir qu'ils le suivront. Vous servez ainsi de «modèle». Supposons que vous assistez à une réunion où quelqu'un propose un plan pour fusionner votre service avec un autre. Les participants posent beaucoup de questions sur le processus de fusion et sur ce que fait l'autre service. Le ton de certaines questions paraît tendu, alors vous sentez que les gens ont des doutes et des craintes tout en ayant peur de les exprimer. Vous pourriez dire: «Voici ce que je pense. Je pense (interprétation) qu'en fusionnant le service de commercialisation des produits avec celui du publipostage nous pourrions être beaucoup plus efficaces. En effet, nous pourrions mettre en commun nos ressources et ne pas faire le travail en double, comme c'est le cas actuellement. Ce que j'aimerais (intention), c'est que la fusion se fasse en douceur et que personne ne perde son emploi.» Avec un peu de chance, les autres feront part de ce qu'ils pensent et de ce qu'ils veulent. Sinon, vous pouvez leur poser des questions : «Que pensez-vous de la fusion des deux services ? Que voudriez-vous qu'il advienne de vous ? »

Vous voulez aussi que les gens expriment leurs sentiments parce que leur ton tendu indiquait qu'ils avaient peur et étaient en colère. Encouragez-les en leur disant : «Je me sens un peu triste de savoir que notre service ne sera plus le même.» Si les participants ne commencent pas à s'ouvrir, lancez alors quelques questions : «Comment vous sentez-vous au sujet de cette fusion ?» S'ils sont encore réticents, posez des questions encore plus précises : «Avez-vous peur de perdre votre emploi ?» Vous sentez-vous inquiet ? heureux ? furieux ? troublé ?»

4.6.2 *Mettre en pratique et encourager l'écoute active*

La fusion du service peut être une situation inquiétante pour les membres du groupe ; c'est pourquoi ils peuvent ne pas réussir à exprimer clairement ce qu'ils pensent et ressentent. Résumer ce qui a été dit peut alors être utile : «Vous pensez que la fusion sera une bonne chose pour l'autre service mais pas pour le nôtre et vous craignez que des licenciements aient lieu dans notre service et pas dans l'autre ?» Vous aidez ainsi votre interlocuteur à clarifier sa pensée, vous permettez aux autres de comprendre ce qu'il veut dire et si votre résumé n'est pas juste, vous lui donnez la possibilité de vous corriger.

Supposons qu'une autre personne dise : «Eh bien, j'ai beaucoup de craintes. J'aimerais que les choses restent telles qu'elles sont. Je ne connais personne dans ce nouveau service. Qu'arrivera-t-il si nous n'aimons pas travailler ensemble ?» Cette personne semble dire qu'elle se sent troublée et insatisfaite. Pour lui montrer que vous comprenez l'émotion sous-jacente, vous pouvez dire : «Je comprends que tu te sentes troublée et insatisfaite.» Vous lui donnez ainsi la possibilité d'exprimer ce qu'elle ressent et lui indiquez que vous vous **souciez** de ce qu'elle ressent.

4.6.3 Faire de la résolution de problèmes

Vous avez vraiment un problème entre les mains : bien des gens ont des doutes concernant cette fusion. Vous dites : «D'accord, nous avons un problème. Certains ne sont pas contents de cette proposition. Qu'allons-nous faire?» Vous mettez en marche le processus de résolution de problèmes : «Beaucoup croient qu'une fois la fusion faite nous serons moins productifs. Examinons ensemble les bons et les mauvais côtés de la fusion, puis nous envisagerons d'autres solutions si nécessaire.» À la dernière étape, vous suggérez une séance de remue-méninges pour trouver de nouvelles solutions. La résolution de problèmes aide les membres du groupe à sentir qu'ils doivent travailler ensemble et à en arriver à de nouvelles propositions que vous pouvez présenter à la haute direction.

4.6.4 Utiliser l'affirmation et formuler des critiques s'il le faut

Supposons que votre idée diffère de celle de la majorité. En vous affirmant, vous exposez vos pensées, vos croyances et vos opinions en suivant les étapes dont nous avons déjà parlé dans ce chapitre. Si vous êtes le chef d'équipe et qu'une personne expose sa position avec assurance, mais que celle-ci entre en conflit avec ce que pense la majorité, appuyez-la en veillant à ce que personne ne l'interrompe et en lui posant des questions qui aident à lui faire exprimer ce qu'elle a à dire : «Qu'est-ce qui t'amène à penser ainsi? Peux-tu expliquer tes motifs plus clairement?»

Supposons que vous assistez à une autre réunion regroupant votre équipe éditoriale et les gens de la conception graphique et de la mise en marché. Le principal ouvrage que vous voulez publier pour l'automne est en retard. Le groupe discute des problèmes survenus. Vous êtes le directeur de la rédaction et vous dites au rédacteur en chef : «Michel, tu laisses trop de jeu aux auteurs en ce qui concerne les échéances. Il est arrivé la même chose il y a deux ans.» Le temps et l'endroit pour formuler votre critique sont bien choisis : vous tentez de vérifier ce qui vous a empêché de publier le livre à temps (dans la mesure où votre critique ne nuit pas à l'estime de soi de Michel) et elle met l'accent sur l'amélioration tout en tenant compte de tous les autres éléments que nous avons déjà énumérés.

Une réunion de ce genre se prête bien à de nombreuses critiques. Vous dites à la graphiste: «Marianne, je crois que le graphisme était trop compliqué pour que nous puissions publier le livre à temps.» À Hélène, la directrice de la mise en marché: «Nous t'avions dit qu'il n'était pas certain que le livre serait prêt à temps, mais tu as insisté pour que nous le lancions à l'automne.» Les énoncés sont sans doute tous fondés et les étapes du processus de critique se poursuivent. Afin que la réunion ne tourne pas en une série de reproches, insistez pour que la critique porte sur les améliorations possibles: «Comment pouvons-nous être plus productifs?»

Vous pouvez facilement voir que, si les membres du groupe formulent des critiques productives les uns envers les autres, ils apprennent comment réduire à l'avenir les problèmes liés aux échéances, travaillent mieux ensemble et communiquent plus efficacement.

Voici quelques moyens qui favoriseront la communication entre les membres de votre groupe, que vous en soyez le chef ou non.

CONSEILS

**FAITES EN SORTE QUE LA COMMUNICATION
DE GROUPE SOIT EFFICACE**

1. *Lorsque vous parlez, adressez-vous à tout le groupe.* Déplacez votre regard d'une personne à l'autre; ne vous concentrez pas sur une seule personne. Cherchez la contribution de chacune en demandant: «Qu'en pensez-vous?»

2. *Ne laissez personne dominer la discussion puisque cela empêche parfois certaines personnes de s'exprimer.* Vous pouvez dire poliment: «Charles, laissons la chance à quelqu'un d'autre de donner son point de vue.»

3. *Apportez votre soutien et soyez positif.* Les gens adorent qu'on leur dise: «C'est vraiment une bonne idée» ou «Tu as sans doute beaucoup réfléchi à cela» ou «Ton témoignage est très convaincant». Même si vous êtes en désaccord, c'est parfois une bonne idée de commencer par dire: «Je sais que tu as mûrement réfléchi à cela, mais que penses-tu de...?»

4. *Ne laissez pas les émotions prendre toute la place.* Certaines réunions peuvent susciter plus d'émotions que d'autres. Remettre en question la sécurité d'emploi ou la performance peut être très difficile au point de vue émotif. Si les gens commencent à crier ou à devenir déraisonnables, faites remarquer que la situation devient tendue et qu'une pause de dix minutes serait bienvenue. Vous pourriez aussi poser des questions qui ramèneraient la discussion sur une pente moins abrupte.

5. *Invitez les gens à exprimer leur désaccord.* Cela permet souvent d'en apprendre davantage que si tout le monde approuve telle ou telle idée. Les groupes ont souvent tendance à donner l'impression que tout le monde est sur la même longueur d'onde, parce que cela est sécurisant. Mais les différences d'opinions peuvent être fructueuses; il est donc bon de se faire l'avocat du diable.

6. *Soyez conscient des réactions et du degré de participation de chaque membre de l'équipe.* Si vous remarquez qu'une personne se tient à l'écart et ne dit rien, vous pourriez tenter de la faire parler sans la mettre mal à l'aise. Si vous voyez que quelqu'un a vraiment l'air contrarié parce qu'on a manqué de sensibilité en lui faisant une critique, intervenez pour préserver ses sentiments.

4.7 Réunir toutes les techniques de communication

Le but de la communication est d'établir le contact pour que puisse avoir lieu un véritable échange d'information, de quelque nature que ce soit. Dans ce chapitre, nous avons étudié comment employer votre intelligence émotionnelle pour rendre ces interactions aussi efficaces que possible. De l'écoute à la révélation de soi, de l'affirmation à la critique, nous avons vu que la conscience de soi et la gestion des émotions peuvent faire la différence entre un échange fructueux ou non.

Dans le prochain chapitre, vous apprendrez à entretenir de bonnes relations interpersonnelles, lesquelles augmentent la productivité.

5

ENTRETENIR
DE BONNES RELATIONS
AVEC LES AUTRES

Les formules d'évaluation de la performance comportent souvent une section intitulée «L'employé entretient de bonnes relations avec autrui». Cette qualité est vitale au travail, où les interactions avec les autres constituent souvent la plus importante partie de ce qu'une personne doit faire dans une journée. Même si vous êtes assis à votre bureau en train de saisir des données, vous recevez des directives de votre superviseur, répondez aux questions des autres membres du personnel de saisie des données, obtenez vos données d'une autre personne et assistez à des réunions de temps en temps. Toutes ces activités exigent d'entrer en relation avec les autres. Si une personne est très intelligente, travaille fort et connaît bien son travail mais qu'elle ne sait pas entretenir de bonnes relations avec autrui, elle ne gardera pas longtemps un emploi où les interactions avec d'autres personnes sont nombreuses.

Dans ce chapitre, nous expliquons les deux compétences qu'il faut développer pour savoir entretenir de bonnes relations. La première est la **capacité d'analyser une relation**. Elle vous permet de tirer parti des qualités intrinsèques de la relation et vous aide à poursuivre une relation fructueuse. La seconde compétence est de pouvoir **adapter le niveau de la communication** pour rendre efficace l'échange d'information. Mais avant d'explorer ces compétences, nous devons apprendre de quoi est constituée une relation.

5.1 Ce qui fait une relation

Quel que soit le type de relation dont nous parlons — entre vous et votre patron, entre vous et votre secrétaire, entre vous et vos collègues, vos clients ou vos fournisseurs —, il y a trois aspects à considérer:

1. La satisfaction des besoins de chacun
2. La poursuite de la relation
3. L'échange d'information concernant les sentiments, les pensées et les idées de chacun

5.1.1 La satisfaction des besoins de chacun

Les gens entrent en relation dans le but de satisfaire un ou des besoins. Vous établissez une relation avec un collègue voisin parce qu'il vous transmet des conseils et des renseignements utiles. Le but de votre relation avec le commis de la salle du courrier est de voir à ce que vos colis partent au bon moment. Votre relation avec vos clients vous permet de garder votre emploi; en effet, pas de clients, pas d'emploi. Mais si vous ne cherchez qu'à satisfaire vos propres besoins, la relation en souffrira et prendra peut-être fin. Pour que la relation soit solide et fructueuse, il faut qu'elle soit réciproque: chacun doit chercher à satisfaire les besoins de l'autre. Dans le chapitre 3, qui portait sur la motivation, nous avons vu combien il était important de savoir rendre la pareille pour éviter qu'une des personnes engagées dans la relation se sente exploitée.

Si vous cherchez sans cesse à obtenir les conseils d'un collègue sur la façon de vous y prendre pour aborder votre patron ou sur ce que doit comporter la note de service que vous devez rédiger tout en ne répondant jamais à ses demandes d'aide pour ses problèmes avec son ordinateur, vous courez le risque de le voir cesser de vous offrir son soutien et ses conseils. Votre relation est basée sur un échange: il vous aide à satisfaire vos besoins en vous donnant ses conseils et vous satisfaisez les siens en l'aidant lorsqu'il a des problèmes avec son ordinateur. Lorsque vous cessez de faire cela l'un pour l'autre, vous rompez les bases de votre relation.

Il n'est pas toujours facile de déterminer les besoins de l'autre personne, mais il faut les connaître pour savoir quoi faire pour l'aider à satisfaire ses besoins. Prenons l'exemple du commis de la salle du courrier. Vous comptez sur lui pour qu'il passe outre aux règlements et envoie votre colis même si vous avez dépassé de cinq minutes l'heure limite. Vous avez appris en cours de route qu'il appréciait que vous vous confondiez en excuses pour le dérangement que vous lui causez tout en lui exprimant votre gratitude et en lui disant qu'il vous a sauvé la vie. Nous pouvons supposer qu'il a besoin de se faire respecter (ce que vous faites en vous excusant) et de se sentir apprécié (ce que vous faites en lui démontrant votre gratitude). C'est souvent par **tâtonnement** qu'on découvre les besoins d'une personne.

L'écoute active peut aussi être utile. Demandez-vous : «Que me dit réellement cette personne? Que veut-elle vraiment?» Prêtez attention à ses intentions. Mettez-vous à l'écoute de ses émotions sous-jacentes. Mettez-vous à sa place et demandez-vous ce dont vous auriez besoin. Sympathisez.

Il est aussi possible de vérifier quels sont les besoins d'une personne en les lui demandant directement. Disons qu'on vient de vous engager comme avocat. Les premiers mois, vous comptez sur un des avocats pour vous guider, vous montrer le fonctionnement du cabinet et vous dire qui fait quoi. Dans cette situation, vous avez besoin d'être mis au courant pour que la transition se fasse sans heurt. Vous reconnaissez que c'est l'autre personne qui vous fournit toute l'aide; cependant, vous ne connaissez pas du tout ses besoins. Vous pourriez lui dire : « Ève, tu as été si gentille de m'aider depuis mon arrivée. Qu'est-ce que je peux faire pour toi? Quel service puis-je te rendre?» Vous pourriez même lui suggérer certaines choses : «Je suis capable de rédiger des mémoires très rapidement, ou je peux t'aider à faire un jeu de rôles pour ton prochain procès. De quoi as-tu besoin?»

Dans les situations où il faut résoudre des conflits ou chercher à obtenir un consensus, il est particulièrement important de déterminer les besoins d'autrui et de les satisfaire. Supposons que deux de vos collaborateurs se font concurrence pour assumer de nouvelles responsabilités. Ils se font compétition dans les réunions et cherchent tous deux à obtenir votre appui. En tant que patron intelligent sur le plan émotionnel, vous voulez en arriver à une décision satisfaisante pour tous les deux. Pour ce faire, vous devez connaître leurs besoins.

Rencontrez vos deux collaborateurs individuellement et demandez-leur pourquoi ils veulent travailler à ce projet. En quoi celui-ci satisfait-il leurs besoins? Éric dit que ce travail correspond exactement à ce qu'il veut faire. Joëlle sent que ce travail la fait progresser dans l'entreprise. En découvrant les besoins de chacun, vous pouvez plus facilement résoudre le conflit parce que vous connaissez les enjeux et vous voyez qu'ils ne sont pas incompatibles. Dans ce cas, vous suggéreriez qu'Éric et Joëlle travaillent ensemble à ce projet, mais que Joëlle en assure la direction.

5.1.2 La poursuite de la relation

La continuité de la relation est un aspect important : pour exister, la relation doit se poursuivre pendant un certain temps. Vous ne diriez pas que vous avez une relation avec le fournisseur de papeterie que vous avez appelé une seule fois au cours des trois dernières années. Cependant, vous avez une relation avec le client que vous rencontrez une fois par mois.

Puisque la relation est continue, vous avez la possibilité de voir l'autre personne dans différentes circonstances. Vous voyez votre client avec son patron, sans ce dernier, lorsqu'il est de bonne humeur, lorsqu'il ne l'est pas, lorsqu'il est vraiment attentif, lorsqu'il ne réussit pas à se concentrer. Vous apprenez ainsi à mieux le connaître et à entretenir une meilleure relation avec lui. Disons que, lorsque vous l'avez rencontré pour la première fois, votre client vous semblait manquer de confiance en lui et ne pas avoir le sens de l'humour. Au cours de réunions subséquentes, vous l'avez vu agir avec vous et d'autres personnes. Vous trouvez maintenant qu'il est ouvert et plutôt drôle. Mais vous ne découvrez cet aspect qu'après avoir établi des liens avec lui.

Il faut **cultiver ces rapports**, ce qui exige d'être en confiance et à l'aise avec l'autre personne. C'est ainsi que vous savez maintenant que si votre client est en retard, ce n'est pas par manque de respect, mais parce qu'il est débordé de travail. Vous communiquez si bien ensemble que vous vous confiez certaines choses sur vos entreprises respectives, ce qui vous permet ensuite de mieux faire votre travail. La personne intelligente sur le plan émotionnel apprend de chaque rencontre et utilise ce qu'elle apprend pour que les échanges subséquents soient aussi fructueux que possible.

5.1.3 *L'échange d'information concernant les sentiments, les pensées et les idées de chacun*

Lorsqu'on entretient une relation avec une autre personne, on ne fait pas qu'échanger des informations factuelles (les derniers chiffres de ventes, le nom d'un contact). Les échanges portent sur les sentiments, les pensées et les idées de chacun et constituent un processus interactif : ce que vous révélez a un effet sur la personne qui vous écoute, cela affecte sa façon de vous répondre, et ainsi de suite. En ayant conscience de l'interactivité, vous apprenez à prévoir les réactions qu'aura l'autre personne à propos de ce que vous lui aurez révélé et à modifier ce que vous voulez lui révéler pour que la relation soit aussi fructueuse que possible.

Disons que votre patron, pour qui vous travaillez depuis de nombreuses années, a été plutôt brusque avec vous dernièrement. Comme vous ne savez pas vraiment s'il s'en est rendu compte, vous décidez de lui faire connaître vos sentiments et vos pensées à ce sujet. Vous savez que votre patron déteste qu'on défende le comportement d'autrui en ayant recours à des excuses d'ordre personnel. Alors, même si vous soupçonnez que sa mauvaise humeur est due à des problèmes de couple, vous n'en parlez pas, car vous savez que vous n'obtiendrez pas la réaction souhaitée.

Vous dites plutôt : «Jacques, tu sais comme nous nous sommes bien entendus au cours des trois dernières années. Nous avons toujours pu parler ouvertement.» Vous l'invitez ainsi à exprimer ce qu'il ressent en réaffirmant la confiance que vous avez l'un pour l'autre.

«Peut-être que tu ne t'en es pas rendu compte, mais dernièrement tu as été un peu brusque avec moi et ça me blesse.» Vous lui laissez savoir l'effet de son humeur sur vous, sans le défier ni le lui reprocher. Il vous répondra peut-être: «Oh, je ne m'en étais pas aperçu. Je suis désolé que tu te sois senti ainsi.» Ensuite, parce que vous voulez qu'il vous en dise plus, vous pourriez ajouter: «Je me demandais si j'avais fait quelque chose qui t'a déplu et dont tu aimerais me parler.» Comme cette phrase demande une réponse, il pourrait vous dire: «Mon humeur n'a rien à voir avec toi.»

Comme votre patron n'aime pas parler de choses personnelles, il n'ira probablement pas plus loin. Vous lui avez cependant fait savoir que son humeur vous affectait et il pourrait alors modifier son comportement. Si vous ne lui faites pas part de vos pensées et de vos sentiments, votre patron pourrait bien ne pas savoir que quelque chose ne va pas et la situation ne pourrait changer.

Si vous n'aviez pu prévoir certaines réactions de votre patron, la discussion aurait pu suivre un tout autre cours. Supposons que vous lui dites plutôt: «Jacques, ta mauvaise humeur me rend malheureux. J'ai l'impression d'être un bouc émissaire pour tes problèmes familiaux et ça ne me plaît pas.» Jacques pourrait bien vous répondre sur un ton hostile, puisqu'il se sentirait attaqué et critiqué; sa brusquerie à votre égard pourrait empirer.

En prévoyant la nature de cause à effet de cet échange d'information, particulièrement de vos pensées et de vos sentiments, vous pouvez faire progresser la relation, apprendre de l'expérience le rôle que peuvent jouer vos pensées et vos sentiments et en sortir grandi. Voici quelques conseils qui vous permettront de partager vos pensées et vos sentiments de façon aussi fructueuse que possible.

PARTAGEZ VOS PENSÉES, VOS SENTIMENTS ET VOS ÉMOTIONS

1. *Soyez dans un bon état d'esprit.* Vous pourrez ainsi être plus réceptif à l'autre personne, réagir plus efficacement et mieux gérer vos émotions. Dans l'exemple précédent, il ne faudrait pas aborder votre patron lorsque vous vous sentez extrêmement blessé ou en colère; attendez de vous être calmé.

2. *Soyez attentif aux réactions de l'autre personne.* Mieux vous évaluerez comment elle réagit à ce que vous dites, surtout lorsque les sentiments en jeu sont intenses, mieux vous saurez comment vous y prendre. Votre évaluation vous aide à décider ce qu'il vous faut dire ou non et comment en parler.

3. *Abordez les choses positivement.* Vous commencez votre discussion avec Jacques en mentionnant le fait que vous vous entendez bien et que vous êtes ouvert l'un avec l'autre; vous le mettez ainsi dans un état d'esprit qui le rend plus réceptif à ce que vous allez lui dire. Vous utilisez vos émotions pour favoriser la réflexion.

4. *Mentionnez que vous vous sentez mal à l'aise.* En faisant part de tels sentiments, vous pouvez mieux les gérer et rendre la discussion plus acceptable. Vous pourriez demander à Jacques comment il se sent lorsque vous lui dites que sa mauvaise humeur vous blesse; il peut alors à son tour vous exprimer ses sentiments de malaise.

Certains sentiments et pensées que vous avez au travail n'ont absolument rien à voir avec le travail en question. Ils peuvent se rapporter à un repas épouvantable que vous avez eu dans un nouveau restaurant branché, à votre opinion sur le dépouillement du scrutin pour la prochaine élection ou au fait que votre fille vient de gagner un tournoi de tennis. Bien que ces discussions ne vous servent aucunement à remplir des feuilles de spécifications ou à rédiger une note de service, elles jouent un rôle important : elles vous aident à forger une meilleure relation avec l'autre personne. Exprimer vos pensées et vos sentiments sur des questions qui ne sont pas reliées au travail vous met en confiance et vous rapproche de l'autre personne, ce qui rend par le fait même votre travail plus productif et agréable.

Rappelez-vous comme il est plus facile d'établir des liens avec des collègues, avec qui peut-être vous n'aviez jamais parlé auparavant, après le pique-nique ou la fête de Noël de l'entreprise. Vous les voyez avec leurs conjoints et leurs enfants dans un environnement différent ; vous bavardez de choses et d'autres et lorsque vous vous revoyez au travail, vous sentez un certain lien. C'est la même chose lorsque vous parlez à Claude du match de baseball de l'autre soir et lui demandez si ça va bien pour son garçon depuis qu'il a changé d'équipe. Ces échanges d'information, bien qu'ils ne concernent pas le travail, vous aident à bâtir des relations.

Maintenant que nous avons vu de quoi est faite une relation, examinons comment analyser une relation.

5.2 Analyser une relation

Pour analyser une relation, vous devez l'examiner de différents points de vue, de telle sorte que vous puissiez planifier les meilleures actions à entreprendre, qu'il s'agisse d'une seule rencontre ou d'une relation à long terme. Heureusement, pour ce faire, vous n'avez pas besoin d'être psychothérapeute. Vous devez simplement être capable de prendre conscience des sentiments, de l'humeur et des besoins de l'autre personne, et de pouvoir évaluer les différentes situations. Voici les étapes de l'analyse d'une relation :

1. Connaître les frontières de la relation.
2. Établir les attentes de la relation.
3. Examiner les perceptions que vous avez de l'autre personne.
4. Vérifier les perceptions qu'a l'autre personne de vous.
5. Étudier une rencontre en particulier.
6. Déterminer les résultats attendus.

5.2.1 Connaître les frontières de la relation

Les frontières d'une relation sont souvent tacites : vous ne savez pas qu'elles existent jusqu'au moment où vous les transgressez et qu'on vous en accuse. Prenez l'exemple de votre patron, Jacques, qui dit que les problèmes personnels n'ont pas leur place au travail. Traverser cette frontière peut avoir des conséquences : le mécontentement et même la colère de Jacques. À moins que vous n'ayez vous-même établi les frontières, vous n'avez pas le pouvoir de les modifier, et cela peut être assez difficile à accepter.

La personne intelligente sur le plan émotionnel respecte les frontières de la relation tout en essayant de les contourner. La conversation avec Jacques est un bon exemple. Vous ne faites pas mention de ses problèmes conjugaux et ne lui demandez pas non plus «Alors, pourquoi agis-tu ainsi ?» lorsqu'il vous mentionne pour la forme : «Mon humeur n'a rien à voir avec toi.» En posant des questions qui permettent de contourner la frontière, vous obtenez ce que vous voulez de la conversation : faire comprendre à Jacques comment son humeur vous affecte.

Parfois, il n'existe pas de moyen de contourner la frontière et il semble impossible d'avoir une relation fructueuse. Supposons que vous croyez ne pas pouvoir bien vous comprendre, Jacques et vous, à cause de son habitude de ne pas parler de problèmes personnels au travail. Vous pourriez alors essayer d'aborder ce sujet directement avec lui.

Disons que votre fils s'est lié avec une mauvaise bande d'élèves et a été pris en flagrant délit de vol à l'étalage. Vous lui interdisez de sortir, mais ne lui faites pas confiance. Cette situation vous cause non seulement beaucoup d'inquiétude, mais vous oblige à téléphoner chez vous plusieurs fois tous les après-midi. Vous espérez qu'en expliquant la situation à Jacques celui-ci se montrera compatissant et vous permettra de ne pas assister à certaines réunions pour que vous puissiez surveiller votre fils. Vous pourriez aborder Jacques ainsi : «Je sais que tu détestes que les gens rapportent ce qui se passe chez eux, mais il faut absolument que je te parle d'un problème personnel et ce serait important pour moi que tu me laisses en discuter avec toi.»

Si Jacques est une personne le moindrement raisonnable, il acquiescera à votre demande. Sinon, demandez-vous si vous êtes à l'aise dans cette relation et à quel point l'ouverture d'esprit est importante pour vous. Si la relation vous rend mal à l'aise et ne répond pas à vos besoins, il serait peut-être temps d'envisager de changer de poste dans cette entreprise, mais seulement après avoir fait tous les efforts pour corriger ce qui ne va pas.

5.2.2 Établir les attentes de la relation

Nous voulons souvent tirer plus d'une relation que ce qui est raisonnable. Vous voulez que votre patron vous enseigne tout ce qu'il sait. Vous voulez que votre adjoint devine vos pensées. Vous voulez que votre client vous tienne au courant tous les jours. Lorsque nos attentes dépassent ce que peut raisonnablement accomplir l'autre personne, nous faisons face à de la déception, à de la frustration et parfois même à de la colère, des émotions qui ne servent en rien la relation. En examinant des expériences passées et en cherchant l'aide des autres, nous pouvons obtenir une image plus réelle de la situation.

Supposons que vous attendez de votre représentant commercial, qui vous présente souvent des idées brillantes, qu'il fasse des ventes qui dépassent tout ce que votre personnel a pu accomplir jusqu'à ce jour. Pour évaluer si vos attentes sont réalistes, vous pourriez vous baser sur le passé pour prévoir l'avenir. Même si ce représentant réussissait à obtenir des commandes de l'ordre du million de dollars dans l'entreprise où il travaillait auparavant, le contexte était très différent. Par ailleurs, malgré tous les efforts de vos autres représentants, ils n'ont jamais pu obtenir des commandes de cet ordre. Vous pourriez en déduire que vos attentes sont irréalistes et que, pour préserver la qualité de votre relation avec votre représentant, vous devez les réviser.

Comme il n'est pas toujours possible d'être objectif, il faut parfois demander conseil à une tierce personne. Disons que, lorsque vous avez accepté ce nouvel emploi, vous vous attendiez à ce que votre patron vous enseigne tout ce qu'il sait. Toutefois, jusqu'à maintenant, il vous a montré très peu de choses et vous êtes plutôt déçu.

Vous demandez donc l'avis d'un collègue. Celui-ci vous dit que votre patron a dû prendre à sa charge une grande partie de travail d'une autre personne et qu'il a donc probablement très peu de temps à vous consacrer. Lorsque les choses ne sont pas claires ou que vous croyez que vous pourriez faire beaucoup mieux avec un peu d'aide, demandez tout de même à votre patron s'il a quelques minutes pour vous expliquer, par exemple, comment il compose sa liste de visites à l'improviste.

5.2.3 Examiner les perceptions que l'on a de l'autre personne

Vous devez faire appel à vos habiletés de perception, dont nous avons parlé au premier chapitre. Nous avons alors vu que nos perceptions sont influencées par divers facteurs qui façonnent notre personnalité, dont notre milieu familial, nos expériences passées, nos habiletés et talents naturels et nos systèmes de croyances. En examinant comment vous percevez les autres, vous devez vous demander si vous êtes aussi objectif que possible ou si certains facteurs vous amènent à avoir des préjugés à l'égard de l'autre personne.

Disons que vous avez des problèmes à vous entendre avec votre adjointe, Hélène. Elle ne semble pas faire ce que vous lui demandez et ne cherche pas à obtenir votre avis. En vous demandant comment vous la percevez, vous vous rendez compte que franchement vous la trouvez incompétente et un peu arrogante. Votre adjoint précédent, Georges, était sensationnel. Mais en comparant objectivement ce que fait Hélène à ce que faisait Georges, vous vous apercevez qu'il n'y a pas vraiment de différence. Comme vous avez tendance à croire que les hommes font généralement mieux leur travail que les femmes, cela vous empêche de voir Hélène telle qu'elle est réellement : une adjointe assez compétente encore en formation. Vous vous rendez compte aussi que ce n'est pas à cause de son arrogance qu'elle ne vous consulte pas pour obtenir des conseils, mais parce que vous n'êtes pas du type à en donner facilement.

Comme vous le voyez, examiner la perception que vous avez de l'autre personne vous donne des indices inestimables que vous pouvez utiliser pour mettre la relation sur la bonne voie. Vous apprenez des choses sur l'autre personne, sur vous-même et sur la relation.

5.2.4 Vérifier les perceptions qu'a l'autre personne de vous

Tout comme vous avez certaines connaissances sur les autres et certaines attentes à leur égard, eux aussi ont leur façon de vous percevoir. Si l'on vous perçoit comme une personne compétente et bien informée, on sera porté à accepter ce que vous faites et à y réagir favorablement; si l'on vous perçoit négativement, vous courez le risque de voir vos idées contestées et mises en doute.

Parfois, la seule façon de vérifier comment les autres vous perçoivent est d'analyser leurs réactions à votre égard. Supposons que, dans les réunions, vous avez tendance à avoir des opinions bien arrêtées sans toutefois vous en rendre vraiment compte. Mais vous pourriez vous en apercevoir lorsque, après avoir exprimé votre opinion pour la nième fois, vous entendez votre patron vous dire : «Nous savons bien ce que tu penses; écoutons ce qu'une autre personne a à dire.»

Une autre façon de découvrir comment on vous perçoit est de le demander. Disons que vous pensez avoir des opinions très arrêtées, mais que personne ne vous en a parlé (et que vous n'avez pas remarqué les gros yeux que font les gens lorsque vous répétez encore votre opinion). Vous dites à un collègue : «J'ai une question délicate à te poser, mais je veux que tu me répondes franchement. Est-ce que j'ai des opinions trop arrêtées?»

Si vous n'êtes pas content de la réponse ou des résultats obtenus, alors servez-vous-en comme indices afin de trouver ce que vous pouvez faire pour modifier la perception qu'ont les autres de vous. Dire «J'ai des opinions trop arrêtées et c'est comme ça» ne peut aucunement améliorer les relations que vous avez avec les autres. Mais en essayant de taire certaines de vos remarques ou en demandant aux autres leur opinion, vous les aidez à vous regarder d'un œil plus favorable, ce qui, en fin de compte, rend vos relations plus fructueuses.

Parfois, vous disposez de peu d'information pour évaluer comment les autres vous perçoivent. Cela est particulièrement vrai à l'occasion d'une première rencontre si vous espérez établir une relation à long terme et que vous voulez qu'on vous perçoive favorablement. Disons que vous êtes en réunion avec un client potentiel. Vous avez entendu dire qu'il était très exigeant, pointilleux sur les détails et tenait à avoir le dernier mot. Pour qu'il ait une bonne impression de vous, soyez bien préparé sur la réunion et ayez tous les faits en main. Comme vous savez qu'il aime avoir raison, ne discutez pas avec lui d'un élément sur lequel il est en désaccord avec vous. Envoyez-lui plutôt par la suite de la documentation appuyant votre position avec une note mentionnant: «J'ai pensé que ce document pourrait vous intéresser.»

5.2.5 *Étudier une rencontre en particulier*

Pour comprendre une relation, il faut parfois examiner une rencontre en particulier entre vous et l'autre personne en regardant la rencontre comme si vous étiez un observateur impartial et non un participant. Il s'agit essentiellement de revoir l'échange au ralenti en arrêtant les images pour bien examiner les moments importants.

Disons que, normalement, vous avez une relation fructueuse et plaisante avec un collègue, mais que dernièrement vous avez senti de la tension entre vous. Pour trouver d'où vient le problème, revoyez la dernière réunion que vous avez eue avec lui, au cours de laquelle vous avez discuté du lancement d'un nouveau produit. Revoyez la scène au ralenti. Vous êtes tous deux à la réunion et vous vérifiez ce que vous avez fait. Il devient un peu irritable lorsque vous lui demandez si son travail sur le prototype sera prêt à temps. Vous êtes impatient avec lui lorsqu'il vous dit qu'il a pris du retard. Votre impatience l'a sûrement perturbé parce que, lorsque vous lui mentionnez ce que vous avez fait, il ne prête plus attention. Cela vous contrarie et vous lancez d'une manière sarcastique: «Je suis content que tu te montres aussi intéressé.» Lorsque votre patron vient voir comment avance le projet, votre collègue déforme les faits. Après le départ du patron, il met fin rapidement à la réunion en disant qu'il a des appels importants à faire.

En revoyant la rencontre, il est utile de vous poser certaines questions :

- Ai-je bien écouté? Ai-je établi un bon contact?
- L'autre personne a-t-elle bien écouté? A-t-elle établi un bon contact?
- Comment est-ce que je perçois le comportement de l'autre personne au cours de la rencontre?
- Comment l'autre personne perçoit-elle le mien?
- Est-ce que la rencontre s'est passée comme je le voulais?
- Qu'aurais-je pu faire d'autre?
- Qu'aurait pu faire l'autre personne?
- Ai-je atteint un nouveau degré de compréhension de la relation?
- Qu'en est-il de l'autre personne?

En répondant à ces questions lorsque vous revoyez votre échange avec votre collègue, vous vous apercevez que vous n'avez pas bien écouté. Quand il est devenu irritable au sujet de l'échéance à respecter, vous auriez pu dire : «Je comprends que tu es un peu inquiet au sujet de l'échéance.» Il aurait ainsi pu vous communiquer ses sentiments réels et vous auriez pu entamer le processus de résolution de problèmes. Vous n'avez pas, non plus, établi un bon contact. Le sarcasme l'a mis en colère. De son côté, il n'a pas non plus bien écouté ni établi un bon contact. Il aurait pu vous révéler ses pensées et ses sentiments : «Je crains de ne pouvoir respecter l'échéance» ou «Je pense que c'était une erreur qu'on me donne ces tâches à effectuer parce que tu les accomplis mieux que moi» ou «Il me semble que tu veux mettre la main sur ce projet».

La rencontre ne s'est pas passée comme vous le souhaitiez. Ce que vous vouliez et voulez encore, c'est de vous sentir emballé et excité à l'idée de continuer à travailler à ce projet. Vous comprenez toutefois mieux la relation maintenant. Vous devez établir de meilleurs contacts ensemble en révélant chacun ce que vous pensez et ressentez, et en écoutant ce que l'autre a à dire, particulièrement en vous mettant à l'écoute des émotions sous-jacentes. Vous croyez aussi que votre collègue se sent en compétition avec vous; c'est pourquoi il a déformé la réalité devant votre patron. Vous devez travailler à vous sentir moins en concurrence l'un avec l'autre et à plus vous appuyer.

5.2.6 Déterminer les résultats attendus

En analysant la relation, il est toujours bon d'établir ce que vous attendez de cette relation. Il s'agit bien sûr, en partie, de satisfaire vos besoins, mais surtout de déterminer quel est le but de cette relation, quel résultat vous en attendez. En le sachant, il est plus facile pour vous de vérifier si vous êtes ou non sur la bonne voie et de changer de trajectoire, s'il y a lieu, pour y parvenir.

Reprenons l'exemple précédent et supposons que vous voulez que la relation mène à la production d'un autre produit qui serait le fruit d'une collaboration étroite. Pour le moment, vous n'êtes pas sur la bonne voie parce que vous êtes en compétition et non en situation de collaboration. Vous devez donc examiner toutes les étapes que vous devez franchir pour atteindre votre objectif.

Les résultats attendus en ce qui concerne la relation pourraient être que vous voulez vous motiver mutuellement, partager vos compétences, échanger des listes de relations ou apporter chacun un son de cloche différent. Il faut emprunter une trajectoire différente pour en arriver à chacun de ces résultats. En déterminant le résultat attendu, vous pouvez choisir la trajectoire à suivre. Par exemple, si vous décidez que vous voulez que la relation avec un client ne serve qu'à vous apporter du travail, vous devriez être agréable avec le client, mais vous n'avez pas besoin de lui parler de votre vie personnelle comme vous le feriez avec un ami (à moins, bien sûr, que le fait de parler de votre vie rende la rencontre plus agréable).

Nous avons vu que l'analyse de la relation apporte de l'information inestimable sur vous-même, sur l'autre personne et sur la relation. Vous avez appris comment utiliser cette information, ainsi que votre intelligence émotionnelle, pour faire de la relation ce que vous voulez. Nous allons maintenant étudier une autre façon de mener la relation aux résultats attendus.

5.3 Communiquer au niveau approprié

Vous avez sans doute déjà eu une conversation au cours de laquelle vous avez senti qu'il y avait un malentendu entre vous et l'autre personne : vous discutiez du nouveau produit alors qu'elle parlait du nouvel organigramme. Souvent, une personne peut en être aux politesses («Salut! Ça va? Beau temps, n'est-ce pas?»), alors que son interlocuteur tente de communiquer ses sentiments («Je suis très découragé parce que je ne sais pas où l'on m'a casé dans ce nouvel organigramme.»). La différence de **niveau** auquel chaque personne se trouve rend difficile toute communication significative; il est presque impossible d'établir un contact entre les deux.

Comme nous l'avons déjà dit, le contact est très important dans la relation parce que celui-ci donne de la profondeur, du sens et de la valeur à la relation. La communication permet d'établir le contact et le contact facilite la communication. Sont alors utiles les techniques d'intelligence émotionnelle comme la révélation de soi, la critique, l'écoute active, la conscience et l'affirmation.

Le but des relations interpersonnelles est d'établir une communication aussi parfaite que possible avec l'autre personne. Les personnes concernées sont alors vraiment en harmonie, en accord, en contact. Ils sont tout à fait à l'aise pour partager leurs pensées, leurs sentiments et leurs idées, et ils savent qu'on les écoute avec attention. En se sentant aussi à l'aise, ils sont plus créateurs et expriment leurs sentiments avec enthousiasme. Il va sans dire que peu de gens atteignent ce niveau de communication, que ce soit au travail ou dans leur vie personnelle; mais cela vaut tout de même la peine de s'efforcer d'y parvenir.

Il existe quatre niveaux de communication qui mènent graduellement à ce degré de perfection:
1. Les politesses
2. Les informations factuelles
3. Les pensées et les idées
4. Les sentiments

Votre intelligence émotionnelle vous permet de savoir comment utiliser chacun de ces niveaux pour **établir le contact** de manière efficace et vous aide à **encourager les autres** à passer à des niveaux qu'ils pourraient vouloir éviter, mais qui permettront à la relation d'évoluer et aux individus d'entrer plus étroitement en contact.

5.3.1 Les politesses

Ce premier niveau comprend les propos que vous échangez avec une personne que vous croisez dans le corridor ou à la cafétéria. «Bonjour», «Comment ça va?» et autres formules de salutations sont des exemples d'échanges de politesses. Ce niveau de communication permet de remarquer la présence de l'autre personne sans aller plus loin. La plupart du temps, votre interlocuteur n'attend pas de réponse et ne l'écoute pas s'il en obtient une. Le contact établi est donc **fragile**.

Toutefois, la personne répond parfois à un autre niveau. Disons que vous croisez votre ami Daniel des services d'information de gestion et qu'il vous dit: «Salut! Ça va?» Vous répliquez: «Je suis content que tu me le demandes parce que j'ai un problème.» Il vous répond en s'éloignant rapidement sans vous avoir entendu: «Très bien. J'espère qu'on pourra bientôt manger ensemble.»

Si Daniel avait été une personne intelligente sur le plan émotionnel, il aurait su qu'il aurait dû écouter votre réponse, même si elle se limite à «J'ai un problème». Non seulement Daniel aurait reconnu l'émotion sous-jacente pour laquelle il aurait dû se mettre à l'écoute, mais il aurait vu que vous aviez changé de niveau de communication et il aurait fait de même.

Supposons que vous rencontrez un collègue et lui demandez «Est-ce que tout va bien?» et qu'il vous répond: «Tout va bien.» Mais d'après le ton de sa voix et sa démarche, vous en déduisez qu'il se sent découragé ou frustré. Rappelez-vous que nous pouvons exprimer nos émotions par nos comportements, et pas seulement par des mots. Puisque vous êtes une personne intelligente sur le plan émotionnel, vous direz: «Je comprends que tout ne va pas bien. Veux-tu que nous allions en parler quelque part?»

Prêtez attention à toutes les émotions transmises à ce niveau de communication par le ton de la voix, l'expression du visage, le langage corporel et la vitesse d'élocution, plutôt que de tout prendre au pied de la lettre. Utilisez l'information que vous transmet votre conscience de soi et d'autrui pour vérifier ce que ressentent les autres.

■ ■ ■ **L'INTELLIGENCE ÉMOTIONNELLE AU TRAVAIL**

J'étais étudiant dans une grande université et je me sentais complètement découragé parce qu'un professeur me faisait la vie dure et que je ne pensais pas pouvoir finir le semestre. J'étais dans le corridor, espérant le rencontrer, lorsqu'un autre professeur est passé et m'a demandé : « Eh, ça va ? » Il s'éloignait rapidement, mais j'ai crié : « Vraiment mal ! »

Il s'est arrêté, est revenu sur ses pas et m'a demandé ce qui n'allait pas. Il m'a écouté patiemment et m'a dit d'aller le voir le lendemain pour que nous élaborions un plan d'action. Le fait qu'il soit revenu me parler m'a fait grandement plaisir et m'a amené à penser que je pourrais m'en sortir après tout.

(André B., conseiller en gestion) ■ ■ ■

5.3.2 Les informations factuelles

On fait des affaires dans le but d'échanger des informations de nature factuelle, qu'il s'agisse de rendre compte des plus récents chiffres de ventes, de présenter un nouvel organigramme, de réviser un plan mensuel, d'enseigner le fonctionnement d'un nouveau logiciel de traitement de textes ou d'établir les objectifs du service. Ces échanges engendrent une perception positive, négative ou plutôt neutre des faits, perceptions auxquelles peuvent alors correspondre une réaction émotionnelle.

Les chiffres de ventes ne sont que des nombres, mais ils peuvent rendre certaines personnes heureuses (celles qui sont responsables d'aussi bons résultats) et en inquiéter d'autres (celles qui n'ont pu atteindre leurs propres objectifs de ventes). Le plan mensuel peut soulager certaines personnes (celles qui sont au-dessus de leurs affaires) et en décourager d'autres (celles qui n'arrivent pas à accomplir quoi que ce soit). Même le fait d'apprendre les rudiments d'un nouveau traitement de textes peut amener certaines personnes à se croire idiotes et d'autres à se considérer comme des cracks en informatique.

Encore une fois, la personne intelligente sur le plan émotionnel reconnaît qu'il existe une composante émotive même aux faits que l'on communique. La personne qui présente les faits a la responsabilité de remarquer comment sont interprétés ces faits. De même, la personne qui écoute peut noter comment sont présentés les faits et déduire ce que ressent le présentateur à leur sujet. Si, en présentant ses objectifs, le chef de service bégaie un peu, hésite beaucoup et a les yeux baissés, l'auditoire pourrait en conclure que les objectifs visés le rendent mal à l'aise, qu'il a des doutes sur la façon dont on les interprétera ou qu'il ne croit pas que le service puisse les atteindre. Bien sûr, il pourrait simplement être nerveux parce qu'il lui faut parler devant tous les membres du personnel; une personne intelligente sur le plan émotionnel doit pouvoir constater et éliminer cette possibilité.

Une fois que vous avez discerné le contenu émotionnel, vous pouvez y faire face, par exemple en rassurant la personne qui apprend à utiliser un nouveau traitement de textes ou en laissant savoir au chef de service que vous croyez pouvoir atteindre les objectifs.

Certaines communications factuelles peuvent être pleines d'émotion. Prenez une évaluation de la performance; le chef de service communique des faits reliés au rendement. Inévitablement, des émotions font surface dans ce genre de situation : la crainte, l'anxiété, la gêne, etc. Si les deux personnes ne peuvent dépasser le niveau des faits dans cet échange, elles ne pourront alors bien se comprendre. Si, toutefois, le chef de service s'occupe de l'émotivité suscitée par les faits, par exemple en reconnaissant que son subalterne puisse être en colère d'obtenir une aussi mauvaise évaluation, les deux personnes améliorent leurs chances de tirer parti de cet échange. Le chef de service pourrait dire : «Je comprends que cette évaluation te mette en colère» ou «Je peux comprendre que ce soit ennuyeux pour toi, mais nous pouvons discuter de moyens que tu pourrais prendre pour t'améliorer, et je serai là pour t'aider.» En abordant les préoccupations de son collaborateur concernant les faits, le chef de service rend ceux-ci plus acceptables pour ce collaborateur.

5.3.3 Les pensées et les idées

Ce niveau suppose un plus grand degré de vulnérabilité, puisque nos pensées et nos idées — au contraire des faits — exigent de nous un certain engagement. Nous pouvons aussi craindre que nos idées soient rejetées ou que nos pensées soient considérées comme indignes de nous.

Supposons qu'un collaborateur vienne vous dire qu'il tient un bon sujet pour le prochain numéro du magazine. Il vous l'explique, mais vous ne trouvez pas que c'est vraiment une bonne idée. Voici comment lui répondre de manière intelligente sur le plan émotionnel : «J'apprécie beaucoup que tu aies autant de nouvelles idées parce qu'ainsi tu démontres ton intérêt et ton enthousiasme. De plus, le fait de partager nos idées nous permet de publier les meilleurs numéros possible. Je ne crois pas que cette idée-là puisse fonctionner, même si elle est bonne, parce que nous ne voulons plus traiter de sujets portant sur la décoration intérieure. Mais ta prochaine idée pourrait être intéressante, alors n'oublie pas de m'en faire part.»

Imaginez quelle réaction aurait eue votre collaborateur si vous aviez plutôt dit : «Je ne suis pas d'accord avec toi pour dire que ce sujet est intéressant parce que, comme tu devrais le savoir, nous n'abordons plus ce qui touche la décoration intérieure.» Cette interaction aurait conduit à une perte de confiance (votre collaborateur n'aurait plus osé vous faire part de ses idées), à une perte d'estime de soi (il se serait cru stupide et incompétent) et à une perte de ressources (le magazine n'aurait plus profité de l'esprit de créativité de votre collaborateur).

La première approche démontre de l'intelligence émotionnelle : vous préservez la vulnérabilité de votre collaborateur en démontrant de la sensibilité et vous l'encouragez à continuer de vous faire part de nouvelles idées.

5.3.4 Les sentiments

Plus nous approchons du niveau le plus élevé de communication, plus les risques sont élevés, mais plus cela en vaut aussi la peine. Cela est particulièrement vrai des sentiments. Nous avons déjà mentionné dans les autres chapitres et dans celui-ci pourquoi il est si difficile de communiquer des sentiments : nous n'avons pas l'habitude de le faire, nous avons peur des répercussions et nous nous sentons vulnérables. C'est précisément en partageant nos sentiments que nous établissons le meilleur contact possible avec les autres. Nous révélons une facette intime de nous-mêmes qui permet aux autres de mieux nous connaître et qui nous permet aussi de mieux nous connaître nous-mêmes. Nous nous déchargeons de quelque chose qui peut être troublant et, en échange, nous trouvons une forme d'appui et pouvons entamer le processus de résolution de problèmes. Nous démontrons ainsi chacun notre confiance en l'autre personne. C'est ainsi que les individus se rapprochent.

Dans la section du chapitre 4 portant sur la révélation de soi, nous avons vu comment révéler nos sentiments et, dans ce chapitre, nous avons vu comment les partager. Rappelez-vous qu'il vous faut vous-même amener la conversation au niveau des sentiments. De cette façon, vous montrez clairement qu'il est acceptable et recommandé d'exprimer ses sentiments. Par exemple, vos collaborateurs discutent du nouvel organigramme et donnent leurs idées pour le réviser. Ce que vous voulez réellement, c'est qu'ils discutent de leurs sentiments à cet égard. Vous dites alors : «Ces changements me réjouissent et j'aimerais savoir ce que vous ressentez, surtout que je crois discerner un malaise.»

Nous avons expliqué les quatre niveaux de communication et nous avons vu qu'en tant que personnes intelligentes sur le plan émotionnel nous voulons parvenir au sommet, qui repose sur l'utilisation maximale des quatre niveaux. Dans la prochaine section, nous étudierons comment tirer parti de chacun de ces niveaux.

5.4 Tirer parti de chacun des niveaux de communication

Comme nous l'avons vu, un niveau de communication particulier peut convenir dans certaines circonstances, alors qu'un autre ne va pas. Parfois, vous êtes à un niveau, mais il serait préférable que vous communiquiez à un autre niveau. Pour utiliser les différents niveaux aussi efficacement que possible, vous devez savoir à quel niveau vous et l'autre personne vous vous trouvez, adapter votre niveau de communication à celui de l'autre personne et savoir quand changer de niveau.

5.4.1 Savoir à quel niveau l'un et l'autre se trouvent

Comme nous venons de le voir, chaque niveau possède ses caractéristiques. Les échanges de politesses permettent aux gens de se saluer. Les informations factuelles comportent des faits et seulement des faits. Les énoncés qui communiquent des pensées et des idées commencent par « Je pense » ou « Ce serait une bonne idée de... ». Les sentiments s'expriment à l'aide d'énoncés « Je me sens ». En comprenant chaque niveau et en utilisant votre conscience de soi, vous devriez pouvoir déterminer à quel niveau vous et l'autre personne communiquez. Prêtez attention à tous les indices que vous fournit votre comportement, parce que souvent les mots semblent montrer que vous êtes à un niveau (« Je pense que ce nouveau calendrier ne convient pas » indique que vous seriez au niveau des pensées), alors que le comportement en suggère un autre (vous élevez la voix, exprimant ainsi de la colère ou de la frustration, soit le niveau des sentiments).

Il est utile de savoir à quel niveau vous vous trouvez pour vérifier si vous et l'autre personne êtes au même niveau. Si vous ne l'êtes pas, la communication en souffrira. Si l'autre personne vous fait part de ses pensées et de ses idées sur le nouvel organigramme et que vous dites à quel point vous êtes bouleversé parce que vous ne savez pas s'il y aura alors possibilité d'avancement pour vous, elle n'obtiendra pas ce qu'elle veut (vos propres pensées et idées sur le sujet et vos commentaires sur les siennes) et vous n'obtiendrez pas ce que vous voulez (de l'aide pour savoir comment vous sortir de cette situation malheureuse). En fait, vous n'établissez pas de contact.

En prenant conscience de votre comportement à chacun des niveaux, vous apprenez à connaître dans lesquels vous êtes le plus à l'aise et lesquels vous avez tendance à éviter. Puisque, pour entretenir de bonnes relations interpersonnelles, vous devez utiliser le bon niveau au bon moment, c'est une bonne idée de savoir ce qui vous rend mal à l'aise à un niveau précis et comment régler la situation. Plus vous utilisez un niveau, plus vous êtes à l'aise avec celui-ci.

5.4.2 Adapter son niveau de communication à celui de l'autre personne

Adapter votre niveau de communication à celui de l'autre personne vous permet d'échanger les mêmes genres de renseignements et d'avoir un cadre de référence commun. Vous pouvez ainsi entendre ce que vous dit l'autre personne, le comprendre et y réagir de façon avantageuse pour vous deux; vous établissez ainsi le contact et avez de bons rapports.

Adapter la communication est un processus continu. Comme nous le verrons brièvement, nous passons continuellement d'un niveau à l'autre pour diverses raisons. Parce que le contact ne s'établit que lorsque les deux personnes communiquent au même niveau, vous devez suivre l'autre personne si elle change de niveau, et vice-versa.

Lorsque le niveau dans lequel ils se trouvent les rend mal à l'aise, les gens passent habituellement à un niveau moins risqué. Reprenons l'exemple du collaborateur qui vous a présenté son sujet de décoration intérieure et s'est fait dire que c'était une mauvaise idée parce que le magazine n'aborde plus ce genre de sujet. Comme son idée a été rejetée, il peut se sentir mal à l'aise de poursuivre la conversation au niveau des pensées et des idées, et il ne voudra pas prendre le risque de vous soumettre une autre idée. Il ne voudra pas, non plus, se rendre plus vulnérable en passant au niveau des sentiments; il se limitera donc au niveau des faits en disant: «Comme nous ne traitons plus de sujets de décoration intérieure, aborderons-nous des sujets portant sur la mode ou le style de vie?» Si vous êtes une personne intelligente sur le plan émotionnel, vous changerez de niveau aussi et parlerez des sujets qu'abordera le magazine à l'avenir. Si votre collaborateur veut vous faire part d'autres idées, il restera au niveau des informations factuelles jusqu'à ce qu'il se sente à l'aise de passer de nouveau au niveau des idées.

5.4.3 Savoir quand et comment changer de niveau

Il vous faut changer de niveau de communication lorsque le niveau où vous vous trouvez n'est plus efficace : parce que l'autre personne est à un autre niveau, parce que vous ou l'autre personne êtes mal à l'aise au niveau où vous vous trouvez, ou parce que vous pensez que l'échange d'information sera plus fructueux à un autre niveau (disons que vous et un collègue cherchez des idées pour le lancement de votre nouveau produit et que vous n'aboutissez à rien, vous pourriez décider de passer au niveau des informations factuelles pour clarifier les choses). Il est aussi nécessaire de changer de niveau pour passer au niveau des sentiments lorsque ceux-ci ne sont pas révélés verbalement alors qu'ils le devraient parce qu'ils sont un facteur clé de la conversation.

Il existe quatre approches vous permettant de changer de niveau tout en y amenant l'autre personne avec vous :

1. Utiliser les énoncés de révélation de soi.
2. Poser des questions stratégiques.
3. Recueillir les pensées et les sentiments.
4. Recueillir les pensées et les sentiments pour exprimer des pensées et des sentiments.

Supposons que vous et votre collègue Stéphane revoyez une présentation importante que vous vous apprêtez à faire devant un client potentiel. Il repasse les faits avec vous. Comme vous le voyez faire les cent pas dans la pièce et hésiter lorsqu'il parle, vous le sentez inquiet. Dans les sections suivantes, nous prendrons cet exemple pour apprendre comment utiliser chacune des approches pour passer d'un niveau de communication à un autre.

Utiliser des énoncés de révélation de soi

Même si Stéphane communique des informations factuelles, vous sentez que ses sentiments — son inquiétude et sa nervosité — le préoccupent plus que sa connaissance des faits. Pour l'amener à discuter de ses sentiments, utilisez des énoncés de révélation de soi («Je sens» ou «Je me sens», «Je pense», «J'aimerais»). Dans le chapitre précédent, nous avons vu que, lorsqu'une personne se révèle, l'autre la suit. Par ailleurs, les gens aiment en général pouvoir discuter avec un collègue de ce qui les bouleverse s'ils sentent qu'il n'y a pas de risque pour eux; disons donc que Stéphane se sent en confiance avec vous.

Dans ce cas, vous pourriez vous ouvrir de la façon suivante: «Stéphane, je sens que cette présentation te rend quelque peu inquiet. Tu veux en parler?» Vous révélez à Stéphane que vous avez remarqué son inquiétude; de cette façon, vous lui ouvrez la porte pour qu'il en parle, et par conséquent pour qu'il passe au niveau des sentiments. Vous pourriez aussi dire: «Cette présentation me rend un peu anxieux.» Vous espérez ainsi que Stéphane saisisse l'occasion de parler de ce qu'il ressent et de vous révéler sa propre inquiétude.

Il y a des avantages à court et à long terme à passer au niveau des sentiments. Stéphane obtient une aide à court terme en voyant son inquiétude diminuer. Avec le temps, cette expérience est avantageuse pour vous deux, puisque vous vous rendez compte que vous obtenez des résultats positifs; vous passez donc plus facilement à ce niveau de communication par la suite.

Poser des questions stratégiques

Parfois, une simple question peut aider l'autre personne à passer à un autre niveau de communication. Demandez à Stéphane: «Comment te sens-tu par rapport à cette présentation?» Il vous répondra qu'il se sent nerveux et vous pourrez lui demander si vous pouvez faire quelque chose pour soulager son inquiétude.

Stéphane pourrait aussi vous répondre: «Ça va.» Si vous sentez que son langage corporel exprime autre chose, vous pourriez énoncer votre perception: «Je sens que tu es un peu inquiet.» S'il vous demande pourquoi vous croyez cela, justifiez votre réponse par ce que vous indiquent vos sens (sa démarche nerveuse, son discours hésitant).

Vous pourriez aussi combiner un énoncé de révélation de soi avec une question stratégique : «Cette présentation me rend un peu anxieux. Et toi, Stéphane?» En laissant Stéphane savoir que vous ressentez la même chose que lui, vous lui donnez l'occasion de révéler ses sentiments plus facilement et sans risque.

Recueillir les pensées et les sentiments

L'écoute active est, dans ce cas-ci, la technique à privilégier. Ajoutez dans vos énoncés des expressions comme «J'aimerais entendre» : «Stéphane, j'aimerais vraiment t'entendre me dire ce que tu ressens au sujet de cette présentation.» Comme la plupart des gens, il vous fera alors part de ses pensées (rappelez-vous qu'au chapitre 4 nous avons mentionné que les gens confondent souvent les énoncés «Je pense» avec les énoncés «Je me sens»). Il vous répondra : «Je pense que nous avons la situation en main, alors tout devrait bien aller.» Vous pourriez alors lui répliquer : «Je cherche à connaître ce que tu ressens et pas seulement ce que tu penses.» S'il ne comprend pas encore, vous pourriez lui demander : «Te sens-tu inquiet? en confiance?»

Si vous voulez connaître les pensées de l'autre personne pour pouvoir passer au niveau des idées et des pensées, vous pourriez lui dire : «Stéphane, je suis certain que tu as des idées sur la meilleure façon de s'y prendre pour commencer la présentation. J'aimerais savoir quelles sont tes idées.»

Recueillir les pensées et les sentiments pour exprimer des pensées et des sentiments

Parfois, malgré tous vos efforts, vous ne réussissez pas à faire passer la communication au niveau des pensées ou des sentiments. Plutôt que d'insister ou de laisser tomber, encouragez l'autre personne à parler de sa tension.

Voici comment vous pourriez vous y prendre avec Stéphane. Supposons qu'il ne réussit pas à vous parler de son inquiétude. Vous lui dites : «Il me semble que c'est difficile pour toi de me faire part de ce que tu ressens. Je ne sais peut-être pas comment m'y prendre. Comment te sens-tu par rapport au fait que je te parle de cela?»

Stéphane sent probablement qu'il n'y a aucun risque à répondre à cette dernière question : «Je me sens un peu embarrassé» ou «Un peu mal à l'aise» ou «Ça va.» Vous lui demandez alors: «En général, te sens-tu embarrassé ou mal à l'aise de parler de tes sentiments?» Il vous dit: «Non, je me sens effrayé.» Vous avez amené Stéphane à vous révéler ce qu'il ressent. Une fois à ce niveau, tentez de ramener la discussion sur la présentation: «Te sens-tu effrayé par la présentation?» Vous pouvez espérer que Stéphane restera à ce niveau de communication en donnant sa réponse.

Le conseils suivants vous indiquent quand il faut ou non changer de niveau de communication.

CONSEILS

SACHEZ QUAND CHANGER OU NON DE NIVEAU DE COMMUNICATION

1. *Lorsqu'une personne est réellement en colère, passez au niveau des informations factuelles.* Vous pouvez ainsi diminuer l'intensité des émotions, mettre la colère en perspective, puis traiter celle-ci plus efficacement. Supposons que votre collègue Charles arrive dans votre bureau et soit furieux qu'on lui ait préféré quelqu'un d'autre pour une promotion. Plutôt que de formuler des énoncés «Je comprends» («Je comprends que tu sois aussi contrarié») qui portent sur les sentiments, posez des questions qui font ressortir les faits («Est-ce que François ne travaille pas dans ce service depuis plus longtemps que toi?») ou faites des commentaires qui portent sur les faits («N'oublie pas que ton patron t'a dit qu'il voulait te voir diriger son projet préféré»). De cette façon, votre collègue examine les faits, obtenant peut-être ainsi des idées qui l'aident à réduire sa colère.

2. *Lorsqu'une personne montre des signes de découragement par son langage corporel, passez au niveau des sentiments.* Disons qu'un ami d'un autre service s'en tient aux politesses ou aux faits. Lorsque vous le rencontrez dans le corridor et lui demandez

comment ça va, il vous répond: «Ça va» (politesse). Lorsque vous mangez avec lui et essayez de savoir comment vont les choses, il vous parle de tâches et de projets dont il s'occupe (faits). Mais il semble démoralisé: il évite de vous parler, ne sourit à personne et ne vous regarde pas dans les yeux. En l'aidant à passer au niveau des sentiments, vous pouvez l'amener à parler de ce qui le décourage et ensemble vous pouvez en venir à trouver comment y remédier.

3. *Si vous cherchez à bâtir une relation de confiance et de collaboration avec l'autre personne, il vous faut alors faire preuve d'honnêteté et d'ouverture d'esprit.* Ne vous écartez donc pas du niveau des pensées ou des sentiments. Partager des pensées, des idées et des sentiments vous permet de bâtir cette confiance et cette collaboration.

4. *Lorsque vous êtes dans le processus de résolution de problèmes, ne vous écartez pas du niveau des faits ou de celui des pensées et des idées.* Reprenons le cas de votre collègue Charles qui n'a pas obtenu la promotion qu'il voulait et est très en colère. La colère prouve qu'il y a un problème et vous offrez gentiment d'aider Charles à trouver une solution qui lui permettra de se sentir plus à l'aise avec la décision de son patron. Vous explorez donc les faits et lui faites part de vos pensées et de vos idées. Si vous passez au niveau des sentiments, Charles ne pourra parvenir à une solution éclairée.

5. *Si vous n'êtes pas prêt à parler sérieusement avec une autre personne, tenez-vous-en à un échange de politesses.* Lorsqu'un collègue vient dans votre bureau discuter avec vous, mais que vous êtes préoccupé par un rapport que vous devez remettre dans l'après-midi, limitez-vous à un échange de politesses; autrement, vous lui laissez supposer que vous êtes prêt à avoir une conversation à un autre niveau. Mentionnez-lui que vous aimeriez parler avec lui de ce qui le préoccupe, mais que vous ne le pouvez pas avant d'avoir remis votre rapport. De cette façon, vous lui faites savoir que votre refus de passer à un autre niveau de communication est temporaire et que vous savez faire preuve de sensibilité.

6. *En général, ne passez pas à un niveau de communication différent de celui où se trouve l'autre personne si celle-ci est en position d'au-*

torité ou de contrôle. Disons que votre patron ou un client est au niveau des informations factuelles, mais que vous croyez faire avancer la discussion en passant au niveau des pensées et des idées. Ne le faites que si vous êtes certain que l'autre personne ne s'en offusquera pas. Votre patron pourrait penser que vous faites preuve d'un manque de collaboration si vous donnez votre opinion sans y avoir été convié; votre client pourrait croire que vous manquez de sensibilité si vous imposez vos idées alors qu'il veut donner la préférence aux siennes. Par ailleurs, tous deux pourraient faire preuve d'une certaine ouverture d'esprit et être avides de connaître vos idées et vos pensées. Gardez toutefois en tête qu'il peut être risqué de changer de niveau de communication dans ce genre de situations.

■ ■ ■ L'INTELLIGENCE ÉMOTIONNELLE AU TRAVAIL

Il n'y a pas très longtemps, je me préparais à donner à un de mes collaborateurs l'évaluation de sa performance, une tâche que je n'aime pas tellement. Au cours des deux premières évaluations que je lui avais données, il était resté assez silencieux. J'avais la ferme intention de ne pas laisser cette situation se reproduire.

J'avais essayé de trouver les motifs de son silence. Il se sentait peut-être menacé ou croyait que ce processus n'était qu'une énorme perte de temps. Il n'avait peut-être rien à dire ou pensait que je ne tiendrais pas compte de ses idées. Je croyais qu'il devait bien avoir certaines choses en tête et que si je parvenais à les lui faire exprimer, l'évaluation serait beaucoup plus fructueuse pour nous deux.

Je lui ai demandé de réserver 90 minutes pour notre rencontre. Je me disais que c'était une bonne façon de lui faire savoir que l'évaluation prendrait un certain temps. Je lui ai aussi mentionné que je lui demanderais de me faire part de *son* évaluation de sa performance. Il savait ainsi qu'il lui faudrait participer.

Après un échange de politesses, il semblait un peu plus détendu. J'ai suggéré que nous commencions par son autoévaluation. Je lui ai dit que j'avais besoin de savoir ce qu'il pensait pour que nous tirions tous deux parti de la discussion.

Il a tout d'abord exprimé son point de vue avec une extrême prudence. Je lui ai donc demandé d'expliquer sa pensée. Je lui ai posé des questions comme: «Pourrais-tu m'en dire un peu plus? Pourrais-tu me donner un exemple? Selon toi, quel serait le meilleur plan à adopter?» Il est devenu un peu plus expressif et je l'ai valorisé, particulièrement lorsqu'il a partagé ses pensées et ses sentiments, en lui disant des choses comme «J'apprécie vraiment ton idée» ou «Cela clarifie les choses». De temps en temps, je reprenais et résumais ce qu'il me disait en lui demandant si je le comprenais bien. Je voulais qu'il sente que je l'écoutais vraiment.

J'ai suivi le même procédé lorsque ce fut mon tour de parler. Je lui ai demandé ce qu'il pensait de ce que je disais et lorsqu'il n'était pas d'accord, plutôt que de me mettre sur la défensive, je lui demandais de clarifier sa pensée. Peu importent nos désaccords, en lui demandant d'exprimer ses propres pensées et sentiments, je trouvais que nous réussissions à faire une évaluation précise de sa performance.

Nous avons tous deux trouvé cette rencontre sensationnelle. Au moment où il s'apprêtait à quitter mon bureau, je lui ai dit que j'avais vraiment apprécié sa participation et il a pu se rendre compte que c'était le cas. Le lendemain, je lui en ai reparlé. Depuis, il exprime beaucoup plus ses pensées et ses sentiments lorsqu'il me parle, et notre relation est beaucoup plus fructueuse. (Suzanne L., directrice chez un fournisseur de pièces d'automobiles) ■ ■ ■

5.5 Réunir toutes les habiletés des relations interpersonnelles

Dans ce chapitre, vous avez vu l'importance cruciale des habiletés permettant de développer et de maintenir de bonnes relations avec toutes les personnes avec qui vous faites affaire au travail. Notez que ces habiletés se transposent aussi dans votre vie personnelle.

Nous avons aussi vu le rôle clé que joue votre intelligence émotionnelle: elle vous fait prendre conscience du fait que vous devez analyser vos relations; elle vous permet de gérer vos émotions pour rendre toutes les rencontres aux différents niveaux de communication aussi fructueuses que possible; elle vous donne les habiletés de communication — de la révélation de soi à l'écoute active et à l'affirmation — qui vous permettent d'entrer en contact avec l'autre personne de manière significative et appropriée.

Dans le dernier chapitre, nous allons encore un peu plus loin en prenant les habiletés que vous avez développées pour aider les autres à s'aider eux-mêmes, une des pratiques de l'intelligence émotionnelle les plus difficiles qui soient mais des plus satisfaisantes.

6

AIDER LES AUTRES
À S'AIDER EUX-MÊMES

Une entreprise est une entité distincte, un système intégré qui repose sur les relations qu'ont entre eux les personnes qui la composent. Les performances de chaque individu touchent l'entreprise dans son ensemble. C'est pourquoi il est si important pour la réussite de l'entreprise non seulement que tous les employés s'acquittent de leurs tâches de leur mieux, mais qu'ils aident les autres à faire de même. Dans le contexte de l'intelligence émotionnelle, cela signifie aider les autres à gérer leurs émotions, à communiquer efficacement, à résoudre leurs problèmes et leurs conflits et à être motivés. C'est ce qui s'appelle **agir comme guide**.

6.1 Tous en tirent profit: les autres, l'entreprise, vous-même

Nous avons vu qu'il faut du temps et une bonne dose de pratique pour en venir à savoir utiliser notre intelligence émotionnelle au travail. Il nous faut acquérir de nouvelles compétences et peut-être réapprendre certaines choses que nous faisions autrement depuis longtemps (maîtriser notre colère, par exemple). Nous devons aussi prendre conscience de nos façons d'agir, comme un comportement qui transmet de mauvaises impressions.

191

Il est difficile pour de multiples raisons d'aider les autres à agir et à réagir de manière intelligente sur le plan émotionnel : vous traitez avec une personne que vous connaissez moins que vous-même et qui n'a pas eu, comme vous, la chance de lire ce livre pour apprendre à employer son intelligence émotionnelle. En outre, une dynamique s'ajoute à la situation : la relation entre vous et cette personne.

Bien qu'il soit extrêmement difficile d'aider les autres à s'aider eux-mêmes, c'est une des pratiques les plus satisfaisantes de l'intelligence émotionnelle. Vous aidez les autres à apprendre, à évoluer, à être plus productifs et à développer des relations fondées sur la confiance et la loyauté, deux valeurs plutôt absentes du monde des affaires aujourd'hui. Comme récompense, vous voyez s'améliorer la relation avec la personne que vous aidez, vous apprenez et évoluez en cours de route, et vous êtes perçu comme un membre essentiel de l'entreprise : **celui qui sait se servir de l'intelligence émotionnelle.** L'entreprise tire avantage de la productivité résultant de vos efforts.

Dans ce chapitre, nous étudierons quatre moyens vous permettant d'aider les autres à s'aider eux-mêmes :

1. Mettre vos émotions en perspective.
2. Savoir comment calmer une personne qui a perdu le contrôle.
3. Faire preuve de sollicitude en écoutant l'autre.
4. Aider les autres à fixer et à atteindre leurs buts.

Nous verrons en outre comment vos habiletés vous permettant d'entretenir de bonnes relations, et comment votre capacité à aider les autres et votre propre intelligence émotionnelle peuvent faire de votre entreprise une entreprise intelligente sur le plan émotionnel.

6.2 Mettre ses émotions en perspective

Dans le chapitre 2, nous avons vu les divers moyens que nous pouvons utiliser pour gérer nos émotions. Ce que nous n'avons pas abordé alors mais dont nous allons traiter maintenant, c'est la façon dont les émotions d'une autre personne nous affectent, comme lorsque nous devons parler avec quelqu'un d'un sujet plutôt délicat.

Reprenons un exemple du chapitre 2, celui de votre collègue Gérard qui ne vous rapporte pas vos dossiers. Lorsque vous l'abordez, vous êtes calme et maître de vous. Pour sa part, le fait de lui mentionner une chose qu'il considère aussi insignifiante, de ne pas reconnaître tout ce qu'il fait d'autre pour vous et de ne pas comprendre qu'il a besoin de garder les dossiers le rend furieux contre vous. C'est alors que vous vous mettez aussi en colère contre lui et que vous lui répondez sur un ton agressif. Gérard vous a donc transmis sa colère.

Beaucoup d'émotions — la colère, la peur, le découragement, l'inquiétude et l'enthousiasme — peuvent être contagieuses et se propager d'une personne à l'autre. Nous les laissons se propager en imitant inconsciemment certains comportements de l'autre personne qui découlent d'émotions précises. Dans ce cas, Gérard élève sans doute la voix, vous regarde d'un œil glacial et gesticule furieusement. Il est facile pour vous de reprendre ces comportements. En les copiant, vous commencez à ressentir l'émotion qui les a provoqués, soit la colère. Celle-ci vous empêche alors de penser clairement et de résoudre le problème.

Il est heureusement possible de prévenir cette contagion des émotions. Voici ce que vous pouvez faire pour empêcher les émotions négatives d'une autre personne de vous contaminer :

• Prévoir l'état émotif de l'autre personne.
• Se mettre à l'écoute du comportement de l'autre personne.
• Formuler des énoncés constructifs.
• Utiliser des techniques de relaxation.

Vous devriez maintenant bien distinguer la plupart de ces techniques, puisque nous les avons vues dans les chapitres précédents.

6.2.1 Prévoir l'état émotif de l'autre personne

Il vous est souvent impossible de prévoir l'état émotif de l'autre personne lorsque vous n'avez aucun indice pour ce faire (lorsque vous rencontrez un nouveau client par exemple). Mais dans certains cas, ce peut être possible et cela vous permet de faire la distinction entre vos émotions et celles de l'autre personne, et d'établir une stratégie sur la façon de traiter la situation le plus efficacement possible.

Supposons que vous êtes en réunion avec un de vos chefs de service, Patrick, pour discuter de la faible motivation des membres de son personnel. On peut, sans risque, supposer que cette réunion l'inquiète parce qu'en tant que chef de service il n'a pas réussi à garder la motivation de son personnel élevée. Il se sent probablement aussi découragé. En prévoyant cela, vous reconnaissez que l'inquiétude et le découragement sont ses émotions, et non les vôtres.

Tentez alors de trouver la meilleure façon de mener la discussion. Vous pouvez essayer de réduire l'inquiétude de Patrick en lui disant qu'il est un bon chef de service et que vous comprenez qu'il était certainement difficile de maintenir la motivation de ses employés étant donné tout le travail additionnel qu'ils ont dû accomplir dernièrement. Pour qu'il se sente moins découragé, suggérez-lui d'examiner tout ce que son personnel a fait de positif plutôt que de retenir ce qui n'a pu être accompli.

Prenons maintenant une situation tout à fait différente. Vous vous préparez à annoncer aux membres de votre équipe de travail qu'ils recevront des primes en récompense à la suite du plus récent projet auquel ils ont travaillé. Vous savez que cette nouvelle provoquera un débordement de joie et que le groupe sera si excité qu'il ne pourra écouter les autres points qu'il vous faut aborder au cours de la réunion. Vous décidez donc de garder pour la fin la bonne nouvelle concernant les primes.

En prévoyant l'état émotif de l'autre personne, vous faites prendre à la discussion une orientation favorable et vous vous donnez la possibilité de maîtriser vos propres émotions afin d'être dans le bon état d'esprit pour régler la situation.

6.2.2 Se mettre à l'écoute des autres

Dans le premier chapitre, vous avez appris que, pour développer une conscience de soi claire, il fallait vous mettre à l'écoute de vos sens et de vos sentiments, apprendre à connaître vos intentions et prêter attention à vos gestes. En appliquant à une autre personne ce que vous avez appris, vous prenez conscience de ses émotions. Il faut, bien sûr, savoir à quelle émotion vous faites face pour éviter dans la mesure du possible d'être «contaminé» par elle ou de copier tout comportement qui vous y mènerait.

Patrick discute avec vous de la motivation de vos collègues, qui est à son plus bas. Il parle lentement, à voix basse, il est affalé sur sa chaise et regarde par terre. Sa posture, le ton de sa voix et l'expression de son visage vous font prendre conscience de son découragement. Comme vous avez réussi à ne pas être affecté par la faible motivation de votre groupe, vous ne voulez sûrement pas succomber maintenant. En sachant quelle émotion vit Patrick, vous pouvez vous sensibiliser au fait que vous ne voulez pas vous laisser contaminer; vous pouvez aussi vérifier si vous adoptez des comportements qui pourraient être associés au découragement.

6.2.3 Formuler des énoncés constructifs

Nous avons parlé des énoncés constructifs au chapitre 2, lorsqu'il était question de gérer vos propres émotions. Dans le cas de Patrick, voici des exemples d'énoncés constructifs que vous pourriez formuler: «Patrick est déprimé à cause de la faible motivation de son personnel. Ce n'est pas une raison pour que je le sois aussi. Je ne me laisserai pas contaminer par son découragement. Je vais être positif.»

Les énoncés constructifs vous aident à vous détacher des émotions de l'autre personne et vous permettent de comprendre clairement ce qu'elle vit. Par conséquent, vous pouvez agir de façon appropriée.

6.2.4 Employer des techniques de relaxation

Vous avez appris à utiliser la réponse de relaxation conditionnée au chapitre 2. Son but est de vous permettre de remarquer votre stimulation et d'y mettre fin, car si elle n'est pas maîtrisée, elle laisse des émotions désagréables vous envahir, vous empêchant ainsi de penser et d'agir efficacement. Si vous sentez que vous commencez à être contaminé par les émotions négatives d'une autre personne, ou craignez d'y être sensible, utilisez cette technique.

■ ■ ■ **L'INTELLIGENCE ÉMOTIONNELLE AU TRAVAIL**

Je parlais à bâtons rompus avec mon patron du voyage que j'allais faire durant mes vacances. Soudain, j'ai commencé à me sentir mal à l'aise et gêné. Je croyais l'ennuyer parce qu'il ne tenait plus en place et s'agitait. Je lui ai donc dit que j'avais un coup de fil important à passer et je suis parti.

Une fois dans mon bureau, je me suis rendu compte que tout allait bien au début de notre conversation. Ce que je disais était intéressant et mon patron ne semblait pas ennuyé. J'ai donc commencé à me demander s'il n'était pas à la source de mon embarras. Je sais qu'il est gêné et que ça le met mal à l'aise d'être avec les gens. Il est moins embarrassé lorsqu'il n'est question que des faits se rapportant au travail. Je me suis aperçu que son agitation n'était pas due à de l'ennui mais à de la gêne.

Le lendemain, j'ai tenté une autre approche. Je me suis dit : «D'accord, il est gêné. Je vais donc essayer de le mettre à l'aise.» J'ai repris la conversation où je l'avais laissée la veille en lui parlant de mon voyage. Mais j'ai ajouté : «J'aime bien pouvoir te parler de quelque chose qui n'est pas relié au travail.» Ça a semblé le détendre et moi aussi. (Bernard C., adjoint administratif) ■ ■ ■

Lorsque vous êtes capable de mettre vos émotions en perspective et d'éviter de vous laisser contaminer par les émotions des autres, vous avez tous les atouts en main pour aider une personne qui a perdu le contrôle à reprendre son calme, puisque vous pouvez penser et percevoir les choses clairement.

6.3 Apprendre à calmer une personne qui a perdu le contrôle

Pour aider une personne qui a perdu le contrôle, il faut la calmer. Une personne qui a perdu la maîtrise de soi a absolument besoin d'aide et vous avez la responsabilité, en tant que personne intelligente sur le plan émotionnel, d'aider les gens dans le besoin.

Pour calmer quelqu'un, il faut réduire sa stimulation émotionnelle. Nous avons vu au chapitre 2 que, pour maîtriser votre propre stimulation, il vous fallait utiliser des techniques de relaxation; l'autre personne ne connaît sans doute pas ces techniques, mais vous devez vous en servir pour la calmer. Tant que la personne ne s'est pas apaisée, il lui est impossible de réfléchir de manière rationnelle et d'avoir toute forme de discussion sérieuse. Une fois qu'elle est calmée, réorientez la conversation vers un sujet qui réduit sa stimulation. Voyons en détail ces deux moyens de calmer quelqu'un.

6.3.1 Utiliser des techniques qui calment la personne

Ces techniques incluent tout ce que vous pouvez dire ou faire pour permettre à la personne de ralentir le rythme de sa respiration, d'arrêter de bouger nerveusement et de mettre fin à tout comportement associé à une stimulation intense. Il ne faut toutefois pas lui dire de se calmer et de se relaxer, car en général on obtient alors la réaction opposée.

Supposons que Martine, votre adjointe, est rongée d'inquiétude lorsqu'elle arrive dans votre bureau. Le projet auquel elle travaille est trop stressant pour elle. Elle se promène de long en large dans votre bureau et est dans tous ses états. Elle ne fait que vous répéter : «C'est trop! Je n'y arriverai pas! Le projet n'aboutira jamais et nous allons perdre ce client.»

Voici quelques conseils pour l'aider à se calmer.

AIDEZ UNE PERSONNE À SE CALMER

1. *Proposez à la personne de s'asseoir.* «Assoyons-nous et parlons de ce qui ne va pas, Martine.» Arrêter de bouger pourra la tranquilliser.

2. *Offrez-lui quelque chose à boire.* Un verre d'eau ou une boisson sans caféine favorisent littéralement le processus d'apaisement. Boire empêche en outre la bouche de se dessécher, ce qui peut être angoissant.

3. *Demandez-lui de parler plus lentement.* «Je veux vraiment comprendre ce que tu me dis, Martine, mais ce n'est pas possible lorsque tu parles aussi vite. Peux-tu, s'il te plaît, parler un peu plus lentement?» De cette façon, Martine réduit sa propre stimulation.

4. *Accordez-lui un temps d'arrêt.* Nous avons vu au chapitre 2 que prendre un temps d'arrêt lorsque nous vivons une situation difficile peut aider à diminuer nos réactions émotionnelles. Dites à Martine que vous devez aller à la toilette, ou mettre une enveloppe à la poste, ou envoyer un court message à quelqu'un. En restant seule quelques minutes, elle en profitera peut-être pour prendre de grandes respirations et se calmer jusqu'à un certain degré.

Une fois que la personne s'est apaisée et a repris un certain contrôle de ses émotions, vous pouvez commencer à modifier le cours de la conversation pour la rendre plus fructueuse.

6.3.2 Réorienter la conversation

Les gens inquiets ou en colère ont tendance à répéter sans cesse les mêmes propos. Cela les confine à un état de surexcitation. Martine vous répète: «C'est trop! Je n'y arriverai pas!» Elle peut continuer à ressasser ces phrases dans son esprit même une fois assise en train de boire un verre d'eau. Vous devez mettre fin à ce cercle vicieux en l'amenant à voir le problème un peu différemment. Une façon d'y parvenir est d'envisager d'autres points de vue.

En l'amenant à envisager d'autres points de vue, vous l'aidez à voir la situation d'une façon plus rationnelle (et souvent meilleure) et à pouvoir considérer ensemble une solution. Comme la plupart des gens lorsqu'ils se sentent inquiets, Martine n'est pas sûre de ce qu'elle doit faire, exagère les faits en leur donnant l'allure de catastrophes (le projet n'aboutira pas et l'entreprise perdra le client). Vous pourriez dire: «Eh bien, je ne suis pas inquiet pour ce projet. Je sais que tu pourras le concrétiser.» Vous pourriez aussi ajouter: «Le client ne nous laissera pas tomber. Il sait que c'est un projet difficile.» Des commentaires de ce genre peuvent amener Martine à mettre fin à ses réflexions négatives et à se rendre compte que la situation n'est pas aussi désespérée qu'elle le croit.

En continuant de parler avec Martine, vous apprenez que la vraie raison de son anxiété est qu'elle pense avoir trop de choses à s'occuper et ne pas pouvoir y parvenir. Si possible, offrez-lui l'aide d'une tierce personne qui pourra lui montrer ce qu'elle ne sait pas. Vous aidez ainsi Martine à maîtriser ses émotions et à s'ouvrir à des solutions possibles. Cette réaction est d'ailleurs un bon exemple du prochain aspect de notre propos : apprendre à faire preuve de **sollicitude en écoutant les autres**.

6.4 Faire preuve de sollicitude en écoutant les autres

Nous avons appris au chapitre 4 que l'écoute active est essentielle pour communiquer efficacement. Nous avons vu qu'il faut alors écouter ce que dit vraiment l'autre personne en éliminant les filtres qui nuisent à la communication et en nous mettant à l'écoute des émotions sous-jacentes. Dans cette section, nous verrons comment l'écoute peut devenir un outil proactif qui permet d'aider les autres à mieux comprendre une situation difficile, à voir de manière plus positive leur façon de pouvoir la régler et à se sentir approuvés grâce à l'appui qu'ils obtiennent. Pour faire preuve de sollicitude en écoutant les autres, il y a deux étapes à franchir : recevoir ce que dit votre interlocuteur et aider celui-ci à clarifier ses pensées, ses idées et ses sentiments.

6.4.1 Recevoir les propos de son interlocuteur

Une personne qui vient vous voir en état de surexcitation se sent déjà vulnérable et doute probablement beaucoup d'elle-même. En recevant ce qu'elle dit **sans la juger ni la critiquer**, vous lui permettez de se sentir en sécurité lorsqu'elle discute de ses vraies préoccupations (la crainte qu'a Martine de manquer d'expérience pour réaliser le projet, par exemple).

Recevoir ce que dit l'autre signifie simplement d'admettre dans votre esprit le message, et non pas obligatoirement de l'approuver. À la suite de l'accès de colère de Martine, vous pourriez dire : « Je peux voir que la situation est difficile pour toi » ou « Je comprends que ce projet exige trop de travail de ta part. » Vous lui faites savoir que vous comprenez et respectez les pensées et les sentiments qu'elle vous transmet et que vous ne la jugez pas. Pour montrer que vous recevez ce que vous dit l'autre personne, vous pouvez utiliser des moyens moins explicites et avec lesquels vous êtes plus à l'aise : **hocher la tête**, **sourire** ou **émettre de courts commentaires** comme « Je vois », « Oui, c'est important pour toi » ou « Continue ».

Évidemment, de cette façon, vous encouragez ouvertement l'autre personne à poursuivre ouvertement la conversation. Vous obtenez ainsi des données précieuses, données qui vous permettent de savoir ce qui se passe exactement et que vous pourrez plus tard utiliser à l'étape de la résolution de problèmes.

Si, au contraire, vous dites à Martine « C'est ridicule, ce projet ne tombera pas à l'eau à cause de toi », elle pourrait croire que vous ne comprenez pas ce qui se passe, que vous ne vous préoccupez pas de ce qu'elle ressent et que vous rejetez sa façon de percevoir la situation. Elle se sentira alors plus vulnérable que jamais, ne voudra plus parler, et son inquiétude restera au même niveau ou augmentera peut-être.

Gardez à l'esprit que, si vos pensées indiquent que vous jugez ou blâmez l'autre personne (« Martine se sent toujours débordée » ou « Son insécurité va certainement nuire au projet »), alors vous ne cherchez pas à recevoir son message. Tentez plutôt d'avoir des pensées comme celles-ci : « Je respecte les pensées et les sentiments de Martine. Je vais l'écouter sans porter de jugements de valeur. J'admets que ce qu'elle me dit soit vrai pour elle. »

Une fois que vous avez reçu les pensées et les sentiments de l'autre personne, vous êtes prêt à l'aider à clarifier ses pensées et les sentiments.

6.4.2 Aider son interlocuteur à clarifier ses pensées, ses idées et ses sentiments

Lorsque nous sommes bouleversés, nous avons tendance à déformer nos pensées («Nous allons perdre le client»), et nos sentiments (l'inquiétude de Martine semble être associée à de la colère, mais en réalité elle est due à la crainte de ne pas être à la hauteur). Tant que nos pensées et nos sentiments ne sont pas clairs pour nous, nous ne pouvons utiliser de manière intelligente l'information qu'ils nous transmettent. Nous avons donc peu d'espoir de résoudre la situation.

En aidant les autres à clarifier leurs pensées et leurs sentiments, vous devez toujours garder à l'esprit que votre rôle consiste à leur faire exprimer leurs pensées et leurs sentiments et non à imposer les vôtres. Vous pouvez devenir impatient à essayer, par exemple, d'aider Martine à voir pourquoi elle croit qu'elle ne pourra réaliser le projet. Plutôt que d'utiliser des outils pour clarifier ses pensées et ses sentiments (que je vais présenter dans un instant), nous laissons échapper ce que nous pensons et ressentons: «Tu n'y es pas du tout, Martine. Le projet est réalisable. Tu as seulement besoin d'aide pour bien connaître toutes les tâches dont tu dois t'occuper.» En imposant nos idées aux autres, nous annulons leurs propres pensées et sentiments et leur enlevons la possibilité de parvenir à leur propre compréhension de la situation.

Pour aider votre interlocuteur à clarifier ses pensées et ses sentiments, vous pouvez: 1) répéter ses propos; 2) dire dans vos mots ce que vous pensez qu'il veut dire; 3) lui faire part de votre façon de percevoir la situation; 4) poser des questions significatives.

Répéter les propos de son interlocuteur

Les gens ne pensent pas toujours tout ce qu'ils disent, surtout lorsqu'ils vivent des émotions intenses. Ils peuvent alors exagérer les faits, formuler de vagues généralités qui donnent de fausses impressions, ou, dans le feu de l'action, oublier de se censurer. En répétant leurs propos, vous leur permettez de reformuler ensuite leurs paroles s'ils se rendent compte que celles-ci ne traduisent pas exactement ce qu'ils pensent.

Un employé furieux, Simon, vient vous parler de sa collègue Maude. L'intelligence émotionnelle n'a pas été utilisée dans le premier dialogue, mais elle l'a été dans le second.

Simon : Je ne peux plus supporter de travailler avec Maude. Son travail n'est jamais terminé à temps.

Vous : Tu ne veux pas vraiment dire que tu ne peux plus supporter Maude. Elle a travaillé dur dans beaucoup de projets.

Simon : Je te dis que je dois toujours reprendre son travail et ça veut dire que je dois mettre les bouchées doubles.

Vous : Voyons, tu exagères.

Simon : Non. Personne ne remarque jamais rien et elle s'en tire toujours.

Vous : Ce n'est pas juste que tu dises cela.

Remarquez maintenant la différence lorsque vous faites appel à vos habiletés pour entretenir de bonnes relations en répétant les propos de Simon.

Simon : Je ne peux plus supporter de travailler avec Maude. Son travail n'est jamais terminé à temps.

Vous : Tu ne peux supporter de travailler avec Maude parce que son travail n'est jamais terminé à temps.

Simon : Pas *jamais*, mais dernièrement ça semble avoir été souvent le cas. Je dois reprendre son travail, ce qui veut dire que je dois mettre les bouchées doubles.

Vous : Tu dois reprendre son travail, donc tu dois mettre les bouchées doubles.

Simon : Je ne dois pas toujours reprendre son travail et ce n'est pas comme si quelqu'un m'y obligeait, mais je sens que je dois le faire. Et personne ne remarque jamais rien.

Vous : Personne ne remarque jamais que Maude n'offre pas la contribution qu'on attend de sa part.

Simon : Peut-être qu'on le remarque, mais ce que je veux dire c'est que personne ne remarque tout le travail que je fais.

Ces deux exemples vous permettent de voir que le fait de répéter les propos de Simon sans porter de jugement lui donne la possibilité de tempérer ses exagérations et d'être plus précis. Ainsi, il parvient à formuler sa vraie préoccupation : il est malheureux qu'on ne reconnaisse pas tout le travail qu'il accomplit. Sa colère et sa frustration ne sont pas vraiment associées au fait que Maude n'effectue pas ses tâches, mais plutôt au peu d'appréciation et de félicitations. En tant que chef de service, vous apprenez aussi quelque chose d'utile : vous devez mieux **reconnaître** tout le travail que fait Simon.

Dans le premier dialogue, vous pouvez remarquer qu'à la fin de la discussion la colère de Simon semble s'être accrue et non avoir diminué. Il y a une bonne raison à cela : vous ne réussissez pas à lui faire comprendre ce qu'il tente de vous dire ; vous ne tenez pas compte de sa préoccupation concernant l'injustice de la situation et rejetez la légitimité de ses sentiments ; comme vous le défiez, il se met sur la défensive, ce qui fait paraître son point de vue encore plus futile. Vous n'avez donc rien appris de la rencontre qui aurait pu vous servir à mieux faire votre travail comme c'est le cas dans le deuxième dialogue.

Attention : le fait de répéter les propos de votre interlocuteur peut parfois être interprété comme un geste de condescendance. Vous devez donc faire particulièrement attention pour éviter que le ton de votre voix ou l'expression de votre visage n'expriment du mépris. Laissez plutôt entendre que le fait de répéter les propos de votre interlocuteur vous permet de mieux vous comprendre.

Dire dans ses mots ce que l'on pense que veut vraiment dire son interlocuteur

Reformuler les propos de votre interlocuteur est un autre moyen de l'aider à clarifier ses pensées, ses idées et ses sentiments. Cela est un peu plus proactif que le simple fait de répéter les propos de votre interlocuteur étant donné que vous devez d'abord tenir compte des paroles employées et de ce que la personne tente vraiment d'exprimer, vous mettre à l'écoute de l'émotion sous-jacente et de son langage corporel. Vous devez ensuite rassembler toute cette information et reprendre, dans vos propres mots, ce que vous croyez que la personne veut vraiment que vous reteniez de la conversation. En reformulant les propos de votre interlocuteur, vous ne devez porter aucun jugement de valeur sur ce qu'il dit, mais il vous faut user de jugement pour établir ce qui semble important pour lui.

Reformuler les propos de votre interlocuteur vous oblige parfois à **prendre des risques**. Comme nous l'avons vu, les gens disent parfois des choses d'une façon telle que leurs propos peuvent parfois être incompréhensibles et vagues. Vous devez toutefois faire l'effort de résumer ce qu'ils veulent dire en prenant parfois le risque de vous tromper. Mais même vos erreurs peuvent amener l'autre personne à se rendre compte que ses propos manquent de clarté. Par ailleurs, si vous ne semblez jamais comprendre ce que veut vous dire une autre personne, celle-ci pourrait croire que la faute vous revient et que vous ne savez pas bien écouter.

Comme vous pouvez le voir, pour refléter les propos de votre interlocuteur, vous devez utiliser bon nombre de vos habiletés : la **conscience de soi**, la **sensibilité**, la **révélation de soi** et l'**écoute active**. Voici comment vous pouvez reprendre dans vos mots ce que vous dit Simon, l'employé en colère.

Simon : Je ne peux plus supporter de travailler avec Maude. Son travail n'est jamais terminé à temps. Je dois reprendre son travail, ce qui veut dire que je dois mettre les bouchées doubles.

Vous : Je vois. Tu me dis que tu te sens débordé par le surplus de travail que tu dois accomplir. Tu trouves aussi qu'on abuse de toi parce que tu crois que Maude n'offre pas la contribution qu'on attend d'elle.

Simon : Eh bien, je ne dirais pas qu'on *abuse* parce que ce n'est pas comme si on m'*obligeait* à le faire. Mais je sens que je dois le faire.

Vous : Donc, tu te sens obligé de t'assurer que, même si une autre personne ne fait pas sa part, tu dois voir à la bonne marche du projet, et cela semble être un fardeau pour toi.

Simon : C'est cela en partie. Il y a aussi le fait que je crois que personne ne remarque ce que je fais.

Vous : Tu te sens contrarié et blessé parce que tu fais plus de travail et que personne ne l'apprécie.

Simon : Oui, c'est vrai.

Cet exemple vous permet de voir que reformuler les propos de Simon vous aide tous deux à savoir ce qui le dérange vraiment. Vous voyez aussi que ce processus est interactif : Simon vous donne de l'information ; vous l'interprétez et la révisez, puis la lui redonnez ; il révise à son tour ce que vous lui avez dit en y ajoutant quelque chose de nouveau, et ainsi de suite, jusqu'à ce que vous parveniez à bien comprendre le message qu'il a voulu vous communiquer.

Faire part de sa façon de percevoir les sentiments de son interlocuteur

Dans les deux sections précédentes, nous avons vu que le fait de répéter ou de reformuler les propos de votre interlocuteur permet de découvrir les pensées, les idées et les sentiments en jeu. Dans cette section, nous nous concentrerons sur l'expression des sentiments *seulement*, en apprenant comment observer le langage verbal et corporel. Nous déduirons de ces comportements les sentiments que vit la personne et qu'elle tente d'exprimer.

Disons que Simon vient vous voir toujours avec le même problème (il marche de long en large dans votre bureau, parle vite et fort, et gesticule fiévreusement) :

Simon : Je ne peux plus supporter de travailler avec Maude. Son travail n'est jamais terminé à temps.

Vous : Cela semble te mettre en colère.

Simon : Eh bien, je suis surtout frustré parce que je dois reprendre son travail, ce qui veut dire que je dois mettre les bouchées doubles.

Vous : Je comprends ta frustration, mais je te sens fâché aussi.

Simon : Je le suis parce que ce n'est pas juste que Maude puisse s'en tirer sans faire son travail (il s'assoit, baisse les yeux et parle lentement). Et personne ne remarque tout le travail que j'accomplis afin qu'il n'y ait pas de retard.

Vous : Le fait de ne pas te sentir apprécié semble te rendre plutôt triste et te blesser.

Simon : En effet.

Les indices que vous captez du comportement de Simon vous aident à savoir **quelles émotions il vit**. Son comportement agité du début indique qu'il est en colère. Puis, lorsqu'il s'assoit et a les yeux baissés, la colère fait place à de la tristesse, de la peine. Ici encore, le dialogue vous permet de préciser les émotions qu'il ressent maintenant.

Vous faites part à votre interlocuteur de votre façon de percevoir ses sentiments pour deux raisons. D'abord, votre façon d'évaluer ses sentiments donne à Simon une autre façon de voir la situation. Il ne se rend compte de ce qui le contrarie, soit le peu d'appréciation qu'il reçoit pour son travail, que lorsque vous l'aidez à le formuler. Ensuite, vous obtenez des commentaires sur vos perceptions ; vous pouvez alors les réviser pour poursuivre la conversation. Si, au lieu de la tristesse et de la peine, la colère est vraiment l'émotion déterminante, vous voudrez sans doute parler avec Maude et l'inciter à faire plus de travail ou peut-être même demander l'aide d'une tierce personne.

Tout comme dans le cas de bien d'autres habiletés, il vous faut encore une fois faire preuve de sensibilité. Bien qu'il soit important de partager et de vérifier votre façon de percevoir les sentiments de votre interlocuteur, manquer de sensibilité peut être plus dommageable que le fait de ne pas lui faire part de vos perceptions.

Poser des questions significatives

Poser des questions significatives aide l'autre personne à clarifier ses pensées et ses sentiments. Cela vous permet aussi de mieux comprendre la situation. Plus votre question est précise, plus il sera facile d'orienter vos réflexions et, par conséquent, les réponses de l'autre personne de façon que vous en tiriez tous deux profit.

Il existe trois niveaux de questions significatives : les questions ouvertes, dirigées et précises. La façon intelligente sur le plan émotionnel d'utiliser ces trois niveaux de questions est habituellement de commencer par des questions générales et de passer ensuite à des questions de plus en plus précises. Cette façon de procéder permet à l'autre personne de se sentir à l'aise pour révéler graduellement de l'information, en allant de plus en plus profondément aux sources du problème. Mais poser une question précise trop tôt peut amener votre interlocuteur à rester sur ses gardes lorsqu'il vous répond.

Pour étudier comment vous pouvez utiliser les trois niveaux de questions, examinons un dilemme auquel fait face votre collègue Francine. On lui a offert un poste outre-mer et elle ne sait pas si elle doit l'accepter. Elle vient vous voir pour peser le pour et le contre de la situation.

Francine : Ce poste à l'étranger semble passionnant et j'aurais une augmentation de salaire, mais je ne suis pas sûre d'en savoir assez. Guy et moi serons loin l'un de l'autre et cela va nuire à notre relation. Il me semble que j'utiliserais cette occasion de m'en aller à l'étranger pour ne plus avoir à faire face aux politiques qui existent ici, mais je ne veux pas accepter ce poste pour cette raison. En plus, Dieu seul sait quels problèmes surviendront là-bas. Je ne sais plus où j'en suis.

Vous : Ça semble en effet être une situation très compliquée. (Vous reconnaissez ainsi la situation et la confusion de Francine.) Que penses-tu de tout cela ? (Vous commencez avec une question ouverte.)

Francine : Je pense être prête pour un nouveau défi, mais j'ai peur d'être déçue et d'en venir à ne pas apprécier cette nouvelle situation autant que celle que je vis actuellement.

Vous : C'est ce que je peux voir. Un changement aussi important est sans doute inquiétant. (Vous reconnaissez ses sentiments.) D'après toi, quels sont les avantages et les inconvénients de ce poste outre-mer ? (Question dirigée.)

Francine : Je pense que je serais très heureuse de vivre à Londres pendant quelque temps, mais j'aime Guy et je ne voudrais pas rompre avec lui. Je gagnerai plus d'argent, mais je pense que j'en dépenserai plus aussi parce que la vie coûte très cher à Londres. Les querelles internes et la compétition qui existent ici m'ont rendue malheureuse, mais je ne sais pas si les choses se passeront mieux là-bas, et cela m'inquiète d'envisager un tel changement en détenant aussi peu d'information.

Vous : Quels renseignements te faudrait-il sur ce nouveau poste pour être plus apte à prendre ta décision ? (Question précise.)

Francine : Eh bien, j'aimerais connaître quel est le milieu de travail là-bas, si l'entreprise est très hiérarchisée ou non, si les employés ont tendance à collaborer ou à être en compétition dans leur travail. Je voudrais avoir une idée du montant que ça pourrait me coûter pour vivre là-bas sensiblement de la même façon qu'ici afin de voir si la différence de salaire en vaut la peine. J'aimerais avoir des détails sur ce que j'aurais précisément à faire et avec qui je travaillerais. J'imagine que j'aimerais aussi savoir quelles sont les chances pour Guy d'obtenir un emploi dans son domaine au cas où il déciderait de déménager lui aussi.

Vous amorcez la conversation en ne présumant rien des problèmes ou des préoccupations de Francine. Vous lui posez plutôt une question d'ordre général qui l'amène à vous faire part de certains de ses sentiments, notamment de son inquiétude devant un tel changement dans sa vie. Si vous lui laissez préciser quels sont les problèmes, elle vous parlera plus ouvertement et pourra ainsi examiner de près ce qui lui plaît et ce qui lui déplaît dans ce nouveau poste. Vous découvrez par la suite ce qui la préoccupe le plus (ne pas avoir assez de renseignements concernant ce nouveau travail) et l'amenez à dresser une liste de questions très précises auxquelles elle voudrait obtenir des réponses. Francine est alors capable d'aller chercher ces réponses, puis de décider si elle acceptera ce poste.

Veillez à ne pas poser des questions qui expriment votre point de vue plutôt que d'aller chercher celui de votre interlocuteur. Lorsque Francine vous parlait des querelles internes, supposons que vous lui auriez plutôt demandé : «Tu ne crois pas que tu es contrariée non pas tant par les querelles internes que par le fait que d'autres ont obtenu des postes que tu voulais?» En présentant ainsi votre propre conclusion, vous donnez à Francine l'impression de la juger. En outre, si votre conclusion est fausse, vous l'obligez à se défendre plutôt qu'à clarifier la situation. Vous perdez aussi de vue que votre rôle est d'**agir comme guide**, c'est-à-dire d'aider l'autre personne à mieux comprendre une situation difficile.

Il peut être très satisfaisant pour vous d'aider les autres à clarifier leurs pensées et leurs sentiments. En même temps, cela permet aux autres de vous percevoir comme une personne ayant de bonnes habiletés interpersonnelles. Dans la prochaine section, nous verrons comment vous pouvez aider les autres à fixer et à atteindre leurs buts.

6.5 Aider les autres à fixer et à atteindre leurs buts

Après avoir aidé les autres à mieux comprendre la situation problématique, vous devez les amener à trouver comment résoudre cette situation. Votre rôle est alors de les aider à fixer des buts et à les atteindre. Un collègue pourrait faire appel à vous pour bâtir une base de données de clients ou pour résoudre un dilemme important (comme celui de Francine qui doit décider si elle accepte un nouveau poste à Londres).

Pour aider les gens à fixer et à atteindre leurs buts, vous pouvez utiliser une des trois tactiques suivantes :
- Aider la personne à rédiger un contrat.
- Faire des exercices d'imitation et des jeux de rôles.
- Encourager l'autre à chaque étape de sa réussite.

Vous pouvez utiliser l'une ou l'autre de ces techniques, mais il est souvent plus efficace de les employer l'une avec l'autre, chacune augmentant l'efficacité de l'autre.

6.5.1 Aider la personne à rédiger un contrat

Un contrat consiste en un **accord entre deux parties** ; dans ce cas-ci, il s'agit de vous et de la personne que vous aidez. Le contrat établit que cette personne accepte de réaliser ou tente de réaliser une tâche précise et de vous faire ensuite part des résultats. La personne a déjà décidé des actions qu'elle allait entreprendre ; le contrat ne sert que d'outil de motivation pour que la tâche soit effectuée.

Le contrat peut être verbal ou écrit, mais, d'après mon expérience, il est préférable qu'il soit écrit, car il n'y a alors pas de malentendu possible. Le contrat comprend une clause implicite indiquant que le problème appartient à l'autre personne ; en échange du temps et de l'énergie que vous lui consacrez, elle s'engage à franchir les étapes visant à atteindre le but voulu.

Étant donné la nature formelle du contrat et les efforts requis pour le rédiger et le respecter, vous ne devriez suggérer cette technique que dans le cas où le but à atteindre est important, comme accepter d'être muté dans une autre division. Il n'est pas nécessaire de rédiger un contrat si la personne a seulement, par exemple, besoin d'être motivée pour préparer un rapport de cinq pages.

Un contrat doit comporter les éléments suivants :

• La définition du but
• Une liste des étapes à franchir pour atteindre le but
• L'engagement de l'autre personne à suivre ces étapes
• L'engagement de votre part de fournir le soutien, l'encouragement et l'aide pour définir les étapes

Le but de Francine pourrait être de découvrir autant de renseignements que possible sur le poste outre-mer. Les étapes à franchir pourraient être de trouver quelqu'un qui a travaillé là-bas et de parler à cette personne ; de parler avec des gens en place là-bas pour obtenir des détails sur le poste en question ; de parler avec une personne qui vit à Londres pour comparer le coût de la vie de cette ville à celui de l'endroit où vit Francine ; de faire certaines recherches dans le domaine de Guy pour connaître ses chances d'emploi à Londres.

Lorsque les actions ont été entreprises (ou non), Francine vous en fait part. Elle pourrait vous dire qu'elle a discuté avec une personne qui travaille outre-mer et qu'elle connaît mieux l'entreprise. Elle a aussi parlé avec trois employés, dont son éventuel chef de service, pour obtenir des détails sur le poste. Elle a téléphoné à quelques connaissances qui vivent à Londres pour avoir une idée du coût de la vie. Cependant elle n'a pu découvrir quelles pourraient être les chances d'emploi pour Guy.

Bien que certaines étapes puissent être difficiles à entreprendre pour Francine, l'existence du contrat la motive : vous et elle avez une entente, et elle doit remplir ses obligations, tout comme vous. La

satisfaction de franchir chaque étape et de vous faire part de ses succès nourrit sa motivation.

6.5.2 *Faire des exercices d'imitation et des jeux de rôles*

Bien souvent, même si la décision portant sur l'action à entreprendre
a été prise, il est encore presque impossible pour l'autre personne
d'agir, et ce, parce qu'elle n'est pas familiarisée avec l'action en question et qu'elle se sent inquiète. Vous pouvez alors vous y prendre de
l'une des deux façons suivantes pour fournir votre aide : premièrement, en démontrant comment exécuter cette tâche, par exemple
formuler une critique à son patron, faire une présentation, congédier
un employé, prendre une position controversée dans une réunion ou
toute autre action pouvant engendrer de l'inquiétude ou de la crainte ;
deuxièmement, en engageant un dialogue avec l'autre personne
dans lequel vous jouez le rôle de cette autre personne et celle-ci joue
le rôle du patron ou de l'employé à être congédié, puis vous inverser
les rôles.

La première technique constitue un exercice d'**imitation de
modèle** : vous montrez à l'autre personne quels sont les comportements et réactions efficaces à utiliser dans une situation précise, et
même ceux qui sont les moins efficaces à utiliser. La seconde technique est le **jeu de rôles**, où vous permettez à l'autre personne à la
fois de vous observer faire de l'imitation (quand vous jouez son rôle)
et d'explorer en situation interactive comment elle pourrait agir en
jouant son propre rôle. Elle a ainsi l'occasion de découvrir ce qui
fonctionne et ce qui ne fonctionne pas, et de répéter à l'avance ce qui
peut se passer pour se sentir ensuite moins mal à l'aise et avoir une
meilleure chance de résoudre la situation de manière satisfaisante.

Même si une personne s'en sort bien en faisant des jeux de rôles
et développe la confiance dont elle a besoin pour croire qu'elle réus-
sira, elle pourrait, si elle se sent angoissée, ne pas réussir à agir ou
réagir adéquatement dans la situation réelle. Pour éviter cela, utilisez
votre intelligence émotionnelle en sachant reconnaître et évaluer les
émotions sous-jacentes que fait naître la situation. Discutez-en. Voici

quelques conseils qui vous aideront à utiliser les exercices d'imitation et les jeux de rôles efficacement.

UTILISEZ LES EXERCICES D'IMITATION ET LES JEUX DE RÔLES EFFICACEMENT

1. *Demandez-vous si vous pouvez être un bon modèle.* Il pourrait bien y avoir des situations où vous ne le seriez pas. Si vous n'êtes pas sûr de vous, vous pourriez avoir de la difficulté à montrer à une autre personne comment affronter son patron au sujet de son comportement blessant. Vous pourriez lui indiquer quoi dire, mais si vous manquez de conviction, votre performance ne serait ni crédible ni réaliste. Si vous croyez que vous ne pouvez être un bon modèle, demandez-vous qui pourrait l'être et vérifiez si cette personne veut jouer un jeu de rôles avec celle que vous voulez aider.

2. *Montrez-vous enthousiaste.* Votre façon de vous y prendre est aussi importante que ce que vous faites. À mesure que l'autre personne saisit votre imitation et y réagit bien, faites preuve d'enthousiasme. Elle comprend vraisemblablement l'émotion, ce qui sert à la stimuler. Disons que vous jouez le rôle de la personne à qui Francine doit parler à Londres et que Francine joue son propre rôle. Après qu'elle vous a posé un certain nombre de questions, vous (dans votre rôle) lui dites: «Ces questions étaient fort intéressantes. Vous semblez avoir hâte de venir travailler ici tout en tenant à ce que votre décision soit réfléchie.» En disant ces paroles avec enthousiasme, vous l'amenez à vouloir avoir cette conversation avec la personne en question.

3. *Envisagez la personne et la situation avec réalisme.* Supposons que Roger, qui est venu vous voir pour l'aider à affronter son patron parce que celui-ci a été blessant, manque d'assurance.

Savoir évaluer sa personnalité et la situation vous permet de vous rendre compte que le jeu de rôles ne donnera jamais à Roger la confiance dont il a besoin pour résoudre cette situation. Vous pourriez alors lui suggérer une autre solution : écrire à son patron pour lui expliquer qu'il éprouve de la difficulté à discuter directement avec lui d'un sujet aussi délicat.

4. *Organisez votre démonstration pour qu'il soit à peu près impossible d'en arriver à un échec total.* Rappelez-vous qu'un de vos buts est de donner confiance à l'autre personne. Alors, même si le premier essai est plutôt insatisfaisant, félicitez-la pour ce qu'elle a bien fait : « Ta posture et ton langage corporel convenaient tout à fait. » Formulez ensuite une critique (de la façon dont nous en avons parlé au chapitre 4) pour aider la personne à s'améliorer : « Le ton de ta voix démontre de la colère ; si ton patron se rend compte que tu es en colère, il pourrait rejeter tes arguments. Il serait donc préférable que tu parles plus lentement et plus doucement. » S'il n'y a presque rien de positif que vous puissiez dire à la personne, reconnaissez au moins sa motivation à tenter l'expérience du jeu de rôles et suggérez-lui de reprendre le tout.

■ ■ ■ L'INTELLIGENCE ÉMOTIONNELLE AU TRAVAIL

Mon travail comme conseiller d'orientation professionnelle dans un hôpital d'anciens combattants me demande entre autres d'aider les patients à trouver des emplois dans la collectivité. L'entrevue d'emploi en inquiète beaucoup, surtout lorsqu'ils savent qu'on leur demandera où ils habitent. Ils sont très gênés de mentionner qu'ils restent à l'hôpital. Comme ils savent qu'ils doivent répondre à cette question, peu d'entre eux se présentent à l'entrevue.

J'ai trouvé un outil qui les aide vraiment : nous faisons ensemble un jeu de rôles de l'entrevue. Je joue le rôle de la personne qui fait passer l'entrevue et je leur pose toutes sortes de questions ; bien sûr, je leur demande où ils habitent. Lorsqu'ils répondent « À l'hôpital », je réplique : « Mon Dieu, comment ça ? » Je leur rends les choses assez difficiles. S'ils éprouvent de la difficulté, nous mettons fin au jeu de rôles et discutons de ce qu'ils peuvent dire. Parfois, nous inversons les rôles et je leur indique ce qu'ils peuvent répondre. Je veille à ce qu'ils se sentent fiers de bien faire les choses pour qu'ils aient confiance en eux.

Cette expérience est très enrichissante, et pas seulement pour eux. En jouant leur rôle, je me rends compte à quel point l'entrevue d'emploi est stressante pour eux. (Yves L., conseiller d'orientation professionnelle) ■ ■ ■

Nous allons maintenant examiner la troisième façon d'aider les autres à fixer et à atteindre leurs buts : le renforcement positif.

6.5.3 Encourager l'autre à chaque étape de sa réussite

Après avoir obtenu d'une personne son engagement à entreprendre certaines actions lui permettant d'atteindre un but et l'avoir aidée à mettre en pratique les comportements menant au succès de sa démarche, vous devez l'encourager à se rapprocher de son but. L'appréciation et la reconnaissance incitent en effet l'autre personne à agir.

Tout comme le contrat, l'encouragement est un moyen très efficace pour motiver une personne qui désire entreprendre certaines actions. C'est aussi un bon outil de motivation pour les gens qui se laissent facilement distraire de leur objectif et ont besoin d'un coup de pouce pour se remettre sur la bonne voie. L'encouragement incite la personne à répéter le comportement dans le but de recevoir d'autres appréciations. Dans le contexte des relations interpersonnelles, non seulement vous offrez un encouragement aux autres, mais vous les aidez à s'encourager eux-mêmes sans qu'ils dépendent de vous.

Supposons que vous avez l'impression qu'il pourrait être enrichissant pour Roger, votre collègue qui manque d'assurance, de dire à son patron qu'il a été blessé par ses propos. Disons que le jeu de rôles n'a pas vraiment été un succès et que Roger n'est pas encore prêt à avoir une bonne discussion avec son patron. Lorsque vous avez fait l'exercice d'imitation avec Roger, vous lui avez montré comment s'affirmer pour qu'au moins il sache comment s'y prendre. Votre rôle, en l'aidant à s'aider, est de le féliciter chaque fois que vous le voyez adopter un comportement qui ressemble tant soit peu à de l'affirmation. Reprenons cet exemple pour apprendre comment l'encourager.

ENCOURAGEZ EFFICACEMENT

1. *Soyez conséquent.* L'encouragement est beaucoup plus efficace lorsqu'il est pratiqué de manière logique. Félicitez Roger lorsqu'il émet son opinion au cours d'une réunion («Roger, c'était une bonne façon de t'affirmer»), ou lorsqu'il demande au directeur de la publicité qui a des centaines de photocopies à faire de le laisser passer pour qu'il photocopie ses quelques pages («Tu apprends vraiment à t'affirmer, Roger; c'est très bien»), ou chaque fois que vous le voyez démontrer un peu plus d'assurance. L'encouragement fortuit, où le comportement est parfois remarqué et parfois non, est beaucoup moins efficace. Roger doit pouvoir associer la mise en pratique d'un type de comportement à un résultat positif.

2. *Encouragez la personne aussi vite que possible après le comportement.* Chaque minute ou événement qui sépare le comportement de sa reconnaissance réduit l'effet de l'encouragement. Faites signe à Roger que tout va bien lorsqu'il s'affirme au cours d'une réunion, ou, au moins, allez le voir tout de suite après la réunion pour le féliciter.

3. *Expliquez la relation de cause à effet.* Pour que l'encouragement fonctionne, Roger doit comprendre la relation qui existe entre le fait de mettre en pratique le comportement et l'encouragement. Il a besoin de savoir que chaque fois qu'il s'affirmera vous lui sourirez et direz quelque chose d'encourageant: «C'est vraiment bien de te voir t'affirmer» ou «Tu apprends vraiment à t'affirmer.»

4. *Assurez-vous que l'encouragement est significatif.* Si la reconnaissance n'est pas souhaitable, la personne sera moins motivée à adopter le comportement voulu ou à exécuter une tâche précise. Des félicitations venant de vous, un collègue qu'elle respecte, constituent un encouragement suffisant. Dans le cas de tâches répétitives et ennuyeuses, il est particulièrement important que l'encouragement soit souhaité. Souvenez-vous de Ghislain, le directeur des ventes dont nous avons parlé au chapitre 3, qui a su mettre son intelligence émotionnelle au travail à profit en faisant écouter de la musique à ses employés pour les encourager à accomplir certaines tâches déplaisantes. La musique sert alors d'outil de motivation (les battements rythmiques augmentent la production d'endorphines et élèvent le niveau de stimulation des employés) et d'encouragement (la musique agit comme appréciation pour les employés qui ont des travaux d'écriture ennuyeux à exécuter).

Vous voudrez que les autres soient capables de se donner eux-mêmes du renforcement sans dépendre de vous ; vous devez alors les encourager à établir un programme de renforcement qui leur convient. Revenons à Francine. Supposons qu'elle décide que, après chaque appel à Londres et chaque discussion avec une personne de l'entreprise concernant le poste à l'étranger, elle s'encouragera en se félicitant intérieurement (« Je m'en sors bien ; je fais preuve de beaucoup de confiance en moi ») et en lisant quelques pages de son guide de Londres. Les encouragements qu'elle a prévus lui font tellement plaisir qu'elle a hâte de se les offrir, mais elle sait qu'elle doit d'abord accomplir la tâche désagréable d'aller chercher les informations dont elle a besoin. S'encourager la motive.

Les contrats, les jeux de rôles et l'encouragement sont des moyens que vous pouvez utiliser pour motiver les autres. Vous les aidez par le fait même à se motiver eux-mêmes, vous leur donnez la confiance, les compétences et les outils dont ils ont besoin pour ensuite agir et atteindre leurs buts sans dépendre de vous.

Vous avez sans doute remarqué que le titre de ce chapitre est « Aider les autres à s'aider eux-mêmes » et non seulement « Aider les autres». En voici la raison : le but de l'aide que vous offrez est de guider les autres pour qu'ils apprennent à utiliser leur intelligence émotionnelle et puissent s'aider eux-mêmes à devenir plus productifs, plus efficaces et à voir leurs efforts récompensés. Par la suite, ils peuvent aider les autres à s'aider eux-mêmes et à utiliser leur intelligence émotionnelle. Chacun s'évertue alors à bâtir une **organisation intelligente sur le plan émotionnel**, c'est-à-dire une entreprise au sein de laquelle tous les employés utilisent leur intelligence émotionnelle à leur maximum.

6.6 Bâtir une organisation intelligente sur le plan émotionnel

Dès le début de ce chapitre, nous avons dit qu'une entreprise est un système intégré qui repose sur le rendement et les relations de chaque individu qui en fait partie. Tout au long de ce livre, nous avons vu l'utilité d'utiliser notre intelligence émotionnelle dans notre façon à la fois de nous comporter nous-mêmes et d'entrer en relation avec les autres. Tout cela mène — et nous devrions tous nous évertuer à y parvenir — à l'organisation intelligente sur le plan émotionnel, soit une entreprise où la culture partagée par les employés est de toujours mettre en application les compétences et les outils de l'intelligence émotionnelle.

Dans un tel milieu de travail, tous les employés prennent la responsabilité d'accroître leur propre intelligence émotionnelle en développant une conscience de soi claire, en gérant leurs émotions et en se motivant. Chacun prend la responsabilité d'utiliser son intelligence émotionnelle dans ses relations avec autrui en développant de bonnes compétences en communication, en sachant entretenir des relations satisfaisantes et fructueuses et en aidant les autres à s'aider eux-mêmes. En outre, ils prennent tous la responsabilité d'utiliser leur intelligence émotionnelle pour appliquer toutes ces améliorations à l'entreprise dans son ensemble.

L'organisation intelligente sur le plan émotionnel est un sujet beaucoup trop vaste pour que nous l'étudiions adéquatement dans ce livre ; il faudrait un livre entier pour en traiter. J'aborde le sujet avec vous pour que vous sachiez où peut vous mener votre intelligence émotionnelle. Imaginez-vous en train de travailler dans une entreprise où, par exemple, la compréhension et le respect seraient à la base des communications de chacun, où les gens établiraient des buts en groupe et aideraient les autres à les atteindre, et où l'enthousiasme et la confiance seraient monnaie courante.

Comme vous le savez bien maintenant, vous êtes la personne qui déclenche l'intelligence émotionnelle dans votre organisation. À mesure que vous employez vos émotions pour améliorer votre propre performance et vos relations de travail, non seulement vous encouragez, mais vous *inspirez* aussi le développement de l'intelligence émotionnelle parmi tous les membres de votre entreprise. Le message est clair : l'individu et l'entreprise en tireront tous deux profit. Cet objectif est tout à fait à réalisable !

ANNEXE

ÉVALUER ET DÉVELOPPER SON INTELLIGENCE ÉMOTIONNELLE

L'instrument «Évaluer et développer son intelligence émotionnelle» est conçu pour vous aider d'abord à prendre conscience de vos compétences en matière d'intelligence émotionnelle, puis à les développer. Cet instrument se divise en trois parties.

La première vous demande d'évaluer votre habileté à appliquer votre intelligence émotionnelle. Dans la deuxième partie, vous étudiez les résultats que vous avez obtenus dans la première partie et déterminez vos points forts et ceux que vous devez améliorer. La troisième partie vous fait mettre en pratique et observer vos habiletés reliées à l'intelligence émotionnelle durant quatre semaines. Vous reprenez ensuite les première et deuxième parties et vous notez les différences que vous obtenez par rapport à vos premières réponses.

Première partie

Pour chaque énoncé, évaluez votre aptitude à employer l'habileté décrite. Avant de répondre, essayez de penser à des situations réelles où vous avez dû employer cette habileté.

FAIBLE APTITUDE					APTITUDE ÉLEVÉE	
1	2	3	4	5	6	7

1. Je relève les changements
   dans ma stimulation physiologique. _____

2. Je me relaxe dans les situations stressantes. _____

3. Je reste efficace lorsque je suis en colère. _____

4. Je reste efficace dans les situations
   qui provoquent de l'anxiété. _____

5. Je me calme rapidement lorsque je suis en colère. _____

6. J'associe différentes réactions physiques
   à différentes émotions. _____

7. Je me parle pour modifier mes états émotifs. _____

8. Je communique mes sentiments efficacement. _____

9. Je réfléchis à mes sentiments négatifs
   sans en être bouleversé. _____

10. Je reste calme lorsque je suis la cible
    de la colère des autres. _____

11. Je sais lorsque des pensées négatives m'assaillent. _____

12. Je sais lorsque mon dialogue intérieur est constructif. _____

13. Je sais reconnaître que je suis en colère. _____

14. Je sais comment interpréter les événements que je vis. _____

15. Je sais quels sens j'utilise. _____

16. Je sais communiquer ce que je ressens. _____

FAIBLE APTITUDE					APTITUDE ÉLEVÉE	
1	2	3	4	5	6	7

17. Je reconnais quelle information
influe sur mes interprétations.   _____

18. Je reconnais mes changements d'humeur.   _____

19. Je sais quand je me mets sur la défensive.   _____

20. Je sais quel impact
a mon comportement sur autrui.   _____

21. Je le sais quand ce que je
communique est différent de ce que je ressens.   _____

22. Je suis «fin prêt» au besoin.   _____

23. Je me ressaisis rapidement après un échec.   _____

24. Je réalise des tâches à long terme
dans le délai prévu.   _____

25. Je peux fournir beaucoup d'énergie
quand j'accomplis un travail ennuyeux.   _____

26. Je cesse ou je change des habitudes inefficaces.   _____

27. Je développe de nouveaux
comportements plus productifs.   _____

28. Je fais suivre mes propos d'actions concrètes.   _____

29. Je résous les conflits.   _____

30. Je cherche à établir un consensus avec les autres.   _____

31. J'agis comme médiateur dans les conflits
impliquant d'autres personnes.   _____

32. Je communique efficacement
avec les autres.   _____

33. J'exprime clairement les pensées d'un groupe.   _____

FAIBLE APTITUDE					APTITUDE ÉLEVÉE	
1	2	3	4	5	6	7

34. J'influence les autres directement
ou indirectement.   _____

35. Je fonde mes relations avec les autres
sur la confiance.   _____

36. Je crée des équipes d'entraide.   _____

37. J'aide les autres à se sentir bien.   _____

38. Je fournis des conseils et du soutien aux autres,
au besoin.   _____

39. Je peux précisément saisir les sentiments
exprimés par autrui.   _____

40. Je sais reconnaître quand les autres
sont bouleversés.   _____

41. J'aide les autres à gérer leurs émotions.   _____

42. Je démontre de l'empathie envers les autres.   _____

43. J'engage des conversations personnelles
avec les autres.   _____

44. J'aide un groupe à gérer ses émotions.   _____

45. Je décèle les différences entre
les émotions ou sentiments des autres
et leurs comportements.   _____

Deuxième partie

Révisez vos réponses. Le tableau suivant vous indique quels énoncés se rapportent à quelles compétences.

Intrapersonnelles

Conscience de soi	Gestion des émotions	Motivation
1, 6, 11, 12, 13, 14, 15, 17, 18, 19, 20, 21	1, 2, 3, 4, 5, 7, 9, 10, 13, 27	7, 22, 23, 24, 25, 26, 27, 28

Interpersonnelles

Établir de bonnes relations	Agir comme guide
8, 10, 16, 19, 20, 29, 30, 31, 32, 33, 34, 35, 36, 37, 38, 39, 42, 43, 44, 45	8, 10, 16, 18, 34, 35, 37, 38, 39, 40, 41, 44, 45

Organisez vos réponses comme suit. Pour chacune des cinq habiletés, reportez ci-dessous dans la colonne de *gauche* le nombre de réponses pour lesquelles vous vous êtes accordé 4 points ou moins. Reportez ensuite dans la colonne de *droite* le nombre de réponses pour lesquelles vous vous êtes accordé 5 points ou plus.

Intrapersonnelles

Habileté	Réponses de 4 ou moins	Réponses de 5 ou plus
Conscience de soi	_____	_____
Gestion des émotions	_____	_____
Motivation	_____	_____

Interpersonnelles

Habileté	Réponses de 4 ou moins	Réponses de 5 ou plus
Établir de bonnes relations	_____	_____
Agir comme guide	_____	_____

Étudiez maintenant vos résultats et déterminez quelles habiletés vous voulez améliorer.

Troisième partie

D'après les réponses que vous avez obtenues, déterminez deux habiletés de l'intelligence émotionnelle sur lesquelles vous voulez vous concentrer ou que vous voulez améliorer :

1. _____

2. _____

Précisez maintenant quelles tâches vous aideront à maîtriser ces deux habiletés de l'intelligence émotionnelle :

_____

_____

_____

_____

Au cours des quatre prochaines semaines, exercez-vous à utiliser les habiletés de votre intelligence émotionnelle.

Reprenez ensuite les première et deuxième parties. Notez les différences dans vos réponses. Répétez la démarche jusqu'à ce que vous ayez obtenu des réponses de 5 ou plus pour tous les énoncés de la première partie.

BIBLIOGRAPHIE

GOLEMAN, D. *L'intelligence émotionnelle*, Paris, Robert Laffont, 1997.

MAYER, J. D. et GEHER, G. «Emotional Intelligence and the Identification of Emotion», *Intelligence*, vol. 22, 1996, p. 89-113.

MAYER, J. D. et SALOVEY, P. «The Intelligence of Emotional Intelligence», *Intelligence*, vol. 17, n° 4, 1993, p. 433-442.

MAYER, J. D. et SALOVEY, P. «Emotional Intelligence and the Construction and Regulation of Feelings», *Applied and Preventive Psychology*, vol. 4, 1995, p. 197-208.

MAYER, J. D. et SALOVEY, P. «What is Emotional Intelligence ?», tiré de P. Salovey et D. Sluyter, *Emotional Development and Emotional Intelligence: Implications for Educators*, New York, Basic Books, 1997.

MAYER, J. D., SALOVEY, P. et CARUSO, D. *Emotional IQ Test*, version cédérom, Richard Viard (producteur), Needham, Mass., Virtual Entertainment, 1997.

MILLER, S. et NUNNALLY, E. *Alive and Awake*, Minneapolis, Interpersonal Communication Programs, 1975.

SAFRAN, J. et GREENBERG, l. *Emotion, Psychotherapy, and Change*, New York, Guikford Press, 1991.

THAYER, R. *The Origin of Everyday Moods*, New York, Oxford University Press, 1996.

WEISINGER, H. *Anger at Work*, New York, Morrow, 1995.

Pour participer à une formation, obtenir une consultation ou encore de plus amples renseignements sur cette approche, veuillez communiquer avec les organismes suivants:

Canada
Actualisation
Place du Parc, CP 1142, 300, rue Léo-Pariseau, bureau 705, Montréal (Québec) H2W 2P4
Président: Jacques Lalanne
Directeur: Nicholas Campeau
Téléphone: (514) 284-2622
Télécopieur: (514) 284-2625
formatio@actualisation.com
www.actualisation.com

France
CSP
66, rue LaFayette
75009 Paris
Président: Edgard Hamalian
Directeur: Guillaume Hamalian
Téléphone: (1) 42.46.89.99
Télécopieur: (1) 40.22.08.83
info@csp.fr
www.csp.fr

Suisse
IBT — Ressources humaines
CP 339
CH-1224 Chêne-Bougeries, Genève
Président-directeur: Bruno Savoyat
Téléphone: (022) 869.11.04
Télécopieur: (022) 869.11.01
IBT@iprolink.ch

ÉDITIONS TRANSCONTINENTAL

Collection Affaires PLUS

Partez l'esprit en paix
Sandra E. Foster

24,95 $
392pages, 1998

S'enrichir grâce aux fonds communs de placement
Nicole Lacombe et Linda Patterson

18,95 $
227 pages, 1998

Guide de planification de la retraite (cédérom inclus)
Samson Bélair/Deloitte & Touche

34,95 $
392 pages, 1998

Guide de planification financière (cédérom inclus)
Samson Bélair/Deloitte & Touche

37,95 $
392 pages, 1998

Comment réduire vos impôts (10e édition)
Samson Bélair/Deloitte & Touche

16,95 $
276 pages, 1998

Les fonds vedettes 1998
Riley Moynes et Michael Nairne

21,95 $
320 pages, 1998

La bourse : investir avec succès (2e édition)
Gérard Bérubé

36,95 $
420 pages, 1997

Collection Communication visuelle

Comment constuire une image
Claude Cossette

29,95 $
144 pages, 1997

L'idéation publicitaire
René Déry

29,95 $
144 pages, 1997

Les styles dans la communication visuelle
Claude Cossette et Claude A. Simard

29,95 $
144 pages, 1997

Comment faire des images qui parlent
Luc Saint-Hilaire

29,95 $
144 pages, 1997

Collection Ressources humaines

L'intelligence émotionnelle au travail
Hendrie Weisinger

29,95 $
240 pages, 1997

Vendeur efficace
Carl Zaiss et Thomas Gordon

34,95 $
360 pages, 1997

Adieu patron! Bonjour coach!
Dennis C. Kinlaw

24,95 $
200 pages, 1997

Collection principale

Internet, intranet, extranet : comment en tirer profit   24,95 $
CEVEIL   240 pages, 1998

La créativité en action   24,95 $
Claude Cossette   240 pages, 1998

Guide des franchises et du partenariat au Québec (4ᵉ édition)   36,95 $
Institut national sur le franchisage et le partenariat   464 pages, 1997

Solange Chaput-Rolland
La soif de liberté   21,95 $
Francine Harel-Giasson et Francine Demers   200 pages, 1997

Crédit et recouvrement au Québec (3ᵉ édition)
La référence pour les gestionnaires de crédit   55 $
Lilian Beaulieu, en collaboration avec N. Pinard et J. Demers   400 pages, 1997

Le télétravail   27,95 $
Yves Codère   216 pages, 1997

Le Québec économique 1997
Panorama de l'actualité dans le monde des affaires   27,95 $
Michèle Charbonneau, Lilly Lemay et Richard Déry   240 pages, 1997

Les fondements du changement stratégique   39,95 $
Taïeb Hafsi et Bruno Fabi   400 pages, 1997

Le nouveau management selon Harrington
Gérer l'amélioration totale   59,95 $
H. James Harrington et James S. Harrington   600 pages, 1997

Comprendre et mesurer
la capacité de changement des organisations   36,95 $
Taïeb Hafsi et Christiane Demers   328 pages, 1997

DMR : la fin d'un rêve   27,95 $
Serge Meilleur   308 pages, 1997

L'entreprise et ses salariés, volume 1   44,95 $
Desjardins Ducharme Stein Monast   408 pages, 1996

Rebondir après une rupture de carrière   29,95 $
Georges Vigny   300 pages, 1996

La stratégie des organisations
Une synthèse   39,95 $
Taïeb Hafsi, Jean-Marie Toulouse et leurs collaborateurs   630 pages, 1996

La création de produits stratégiques
Une approche gagnante qui vous distinguera de la concurrence   24,95 $
Michel Robert, en collaboration avec Michel Moisan et Jacques Gauvin   240 pages, 1996

L'âge de déraison   39,95 $
Charles Handy   240 pages, 1996

Croître
Un impératif pour l'entreprise
Dwight Gertz et João Baptista

39,95 $
210 pages, 1996

Structures et changements
Balises pour un monde différent
Peter Drucker

44,95 $
304 pages, 1996

Du mécanique au vivant
L'entreprise en transformation
Francis Gouillart et James Kelly

49,95 $
280 pages, 1996

Ouvrez vite !
Faites la bonne offre, au bon client, au bon moment
Alain Samson, en collaboration avec Georges Vigny

29,95 $
258 pages, 1996

Évaluez la gestion de la qualité dans votre entreprise (logiciel)
Howard B. Heuser

119,95 $
1996

Le choc des structures
L'organisation transformée
Pierre Beaudoin

26,95 $
194 pages, 1995

L'offre irrésistible
Faites du marketing direct l'outil de votre succès
Georges Vigny

26,95 $
176 pages, 1995

Le temps des paradoxes
Charles Handy

39,95 $
271 pages, 1995

La guerre contre Meubli-Mart
Alain Samson

24,95 $
256 pages, 1995

La fiscalité de l'entreprise agricole
Samson Bélair/Deloitte & Touche

19,95 $
224 pages, 1995

100 % tonus
Pour une organisation mobilisée
Pierre-Marc Meunier

19,95 $
192 pages, 1995

9-1-1 CA$H
Une aventure financière dont vous êtes le héros
Alain Samson et Paul Dell'Aniello

24,95 $
256 pages, 1995

Redéfinir la fonction finance-contrôle
en vue du XXIe siècle
Hugues Boisvert, Marie-Andrée Caron et leurs collaborateurs

24,95 $
188 pages, 1995

Les glorieux
Histoire du Canadien de Montréal en images
Photomage Flam

29,95 $
168 pages, 1995

La stratégie du président
Alain Samson

24,95 $
256 pages, 1995

La réingénierie des processus d'affaires dans
les organisations canadiennes — 24,95 $
François Bergeron et Jean Falardeau — 104 pages, 1994

Survoltez votre entreprise ! — 19,95 $
Alain Samson — 224 pages, 1994

La réingénierie des processus administratifs
Le pouvoir de réinventer son organisation — 44,95 $
H. James Harrington — 406 pages, 1994

La nouvelle économie — 24,95 $
Nuala Beck — 240 pages, 1994

Processus P.O.M.
Une analyse du rendement continu de l'équipement — 34,95 $
Roger Lafleur — 180 pages, 1994

La certification des fournisseurs
Au-delà de la norme ISO 9000 — 39,95 $
Maass, Brown et Bossert — 244 pages, 1994

Les 80 meilleurs fromages de chez nous
et leurs vins d'accompagnement — 18,95 $
Robert Labelle et André Piché — 272 pages, 1994

Un plan d'affaires gagnant (3e édition) — 27,95 $
Paul Dell'Aniello — 208 pages, 1994

1001 trucs publicitaires (2e édition) — 36,95 $
Luc Dupont — 292 pages, 1993

Maître de son temps — 24,95 $
Marcel Côté — 176 pages, 1993

Jazz leadership — 24,95 $
Max DePree — 244 pages, 1993

À la recherche de l'humain — 19,95 $
Jean-Marc Chaput — 248 pages, 1992

Vendre aux entreprises — 34,95 $
Pierre Brouillette — 356 pages, 1992

Objectif qualité totale
Un processus d'amélioration continue — 34,95 $
H. James Harrington — 326 pages, 1992

Comment acheter une entreprise — 24,95 $
Jean H. Gagnon — 232 pages, 1991

Collection Entreprendre

Des occasions d'affaires
101 idées pour entreprendre
Jean-Pierre Bégin et Danielle L'Heureux

19,95 $
184 pages, 1995

Comment gérer son fonds de roulement
Pour maximiser sa rentabilité
Régis Fortin

24,95 $
186 pages, 1995

Naviguer en affaires
La stratégie qui vous mènera à bon port !
Jacques P.M. Vallerand et Philip L. Grenon

24,95 $
208 pages, 1995

Des marchés à conquérir
Chine, Hong Kong, Taiwan et Singapour
Pierre R. Turcotte

29,95 $
300 pages, 1995

De l'idée à l'entreprise
La République du thé
Mel Ziegler, Patricia Ziegler et Bill Rosenzweig

29,95 $
364 pages, 1995

Entreprendre par le jeu
Un laboratoire pour l'entrepreneur en herbe
Pierre Corbeil

19,95 $
160 pages, 1995

Donnez du PEP à vos réunions
Pour une équipe performante
Rémy Gagné et Jean-Louis Langevin

19,95 $
128 pages, 1995

Marketing gagnant
Pour petit budget
Marc Chiasson

24,95 $
192 pages, 1995

Faites sonner la caisse !!!
Trucs et techniques pour la vente au détail
Alain Samson

24,95 $
216 pages, 1995

En affaires à la maison
Le patron, c'est vous !
Yvan Dubuc et Brigitte Van Coillie-Tremblay

26,95 $
344 pages, 1994

Le marketing et la PME
L'option gagnante
Serge Carrier

29,95 $
346 pages, 1994

Développement économique
Clé de l'autonomie locale
Sous la direction de Marc-Urbain Proulx

29,95 $
368 pages, 1994

Votre PME et le droit (2e édition)
Enr. ou inc., raison sociale, marque de commerce
et le nouveau Code Civil
Michel A. Solis

19,95 $
136 pages, 1994

Mettre de l'ordre dans l'entreprise familiale
La relation famille et entreprise
Yvon G. Perreault

19,95 $
128 pages, 1994